당신은 지금,
사랑하는 사람과
소통하고 있습니까?

5가지 사랑의 언어

The 5 Love Languages
by Gary D. Chapman

This book was first published in the United States by Northfield Publishing,
820 N. LaSalle Blvd., Chicago, IL 60610, with the title *The 5 Love Languages*.
Copyright ⓒ 1992, 1995, 2004, 2010, 2015 by Gary D. Chapman.
All rights reserved.

The 5 Love Languages® is a registered trademark of The Moody Bible Institute of Chicago
in the United States and other Jurisdictions.

This Korean edition ⓒ Word of Life Press, Seoul, 1997, 2003, 2010, 2024.
Translated and published by permission.
Printed in Korea.

이 한국어판의 저작권은 Moody Publishers와 독점 계약한 생명의말씀사에 있습니다.
신저작권법에 의하여 한국 내에서 보호받는 저작물이므로 무단전재와 무단복제를 금합니다.

5가지 사랑의 언어

ⓒ 생명의말씀사 1997, 2003, 2010, 2024

1997년 2월 15일 1판 1쇄 발행
2002년 12월 30일   21쇄 발행
2003년 5월 8일 2판 1쇄 발행
2010년 3월 5일   85쇄 발행
2010년 3월 25일 3판 1쇄 발행
2023년 8월 16일   117쇄 발행
2024년 7월 30일 4판 1쇄 발행
2024년 12월 10일   2쇄 발행

펴낸이 | 김창영
펴낸곳 | 생명의말씀사

등록 | 1962. 1. 10. No.300-1962-1
주소 | 서울시 종로구 경희궁1길 6(03176)
전화 | 02)738-6555(본사) · 02)3159-7979(영업)
팩스 | 02)739-3824(본사) · 080-022-8585(영업)

기획편집 | 김자윤, 김정옥, 김정주
디자인 | 박소정
인쇄 | 영진문원
제본 | 다온바인텍

ISBN 978-89-04-14155-5 (03230)

저작권자의 허락 없이 이 책의 일부 또는 전체를
무단 복제, 전재, 발췌하면 저작권법에 의해 처벌을 받습니다.

The Five Love
Languages

5가지 사랑의 언어

게리 채프먼 지음
장동숙 · 황을호 옮김

생명의말씀사

역자 서문

교회 수련회에서 나의 남편인 한기채 목사가 이 책을 중심으로 세미나를 했는데 많은 성과가 있었다. 기독교 상담을 전공한 사람으로서, 수련회가 끝난 후 교우들의 결혼 생활이 변화되는 것을 보고 무척 놀랐다.

그래서 그 내용을 더 많은 사람에게 알리고 싶어 교회에서 발간되는 월간지 "물 댄 동산"에 장별로 번역하여 싣게 되었다. 매달 이를 받아 본 교민들이 그들의 새로워진 결혼 생활을 전화나 편지로 알려 와 나는 이 책의 진가를 확인할 수 있었다.

결혼 생활은 부부가 함께 살아가는 것이다. 크리스천 카운슬링 센터를 운영하면서 느끼는 것은, 아무리 좋은 사람들이 만나 결혼했더라도 함께 살아가는 데는 또 다른 기술이 필요하다는 것이다. 무작정 노력한다고 되는 것이 아니다. 바로 '함께 살아가는 기술'이 필요하다.

이 책은 사랑으로 맺어진 부부가 어떻게 조화를 이루며 살아갈 것인가를 아주 실제적인 예를 들어 가며 설명한다.

인간 누구나 고유의 언어 체계를 가지고 의사소통을 하듯, 사람들이 사랑하는 방식에도 독특한 언어 체계가 있고 이를 통해 사랑의 감정을 전달한다. 저자는 사랑의 언어를 '인정하는 말', '함께하는 시간', '선물', '봉사', '스킨십' 5가지로 분류한다. 그러면서 부부가 서로 같은 사랑의 언어를 사용해야 사랑이 소통되어 행복한 결혼 생활을 할 수 있다는 것이다.

본인도 이 책을 번역하면서 많은 것을 깨달았다. 남편에게 무작정 잘해 주기보다 남편의 제1의 사랑의 언어를 바로 알아 구사하니 결혼 생활이 이전보다 더욱 활기차졌다. 사랑의 언어는 단순한 이론이 아니라 실제임이 증명되었다.

이 책은 다음 몇 가지를 기본적으로 전제한다.

첫째로, 연애 감정은 일시적이며, 따라서 사랑을 지속하기 위해서는 의지적 노력이 필요하다.

둘째로, 사람마다 고유한 사랑의 언어가 있다.

셋째로, 사랑을 소통하려면 상대방의 사랑의 언어를 구사해야 한다.

2009년에 개정판이 나온 이 책은, 미국에서 500만 부 이상 팔렸고 한국에서는 53만 부 이상 팔렸으며 지금도 여전히 기독교 서적의 베스트셀러 목록에 올라 있다. 저자 게리 채프먼이 40년 넘게 결혼 생활 상담가로서 직접 경험한 것을 한 권의 책으로 내놓은 것이다. 그런 만큼 매우 실제적이고 행복한 결혼 생활을 위한 길을 제시해 준다.

생명의말씀사를 통해 이 책이 한국에 번역, 소개되어 무척 기쁘다. 지금 결혼 생활의 어려움을 겪고 있는 부부나 더 행복한 결혼 생활을 추구하는 부부, 그리고 막 결혼 생활로 접어드는 신혼부부들에게 가장 추천하고 싶은 책이다.

장동숙

서문

사랑은 가정에서 시작된다. 아니 가정에서 시작되어야 한다. 나에게 있어서 가정은 60년 이상 나를 사랑하시는 아버지와 어머니이다. 두 분이 없었다면 나는 지금 사랑에 대한 이 글을 쓰는 것이 아니라 사랑을 찾아 헤매고 있을 것이다.

또한 나에게 있어서 가정은 나와 결혼 생활을 30년 가까이(초판 출판 당시) 하고 있는 아내 캐롤린이다. 이 세상 모든 아내들이 내 아내가 나를 사랑하는 것처럼 남편을 사랑한다면 울타리 밖을 넘겨다보는 남편들이 훨씬 적어질 것이다.

셸리와 데릭은 새로운 세계를 찾아 우리 품을 떠났지만 나는 그들에게서 따뜻한 사랑을 느낀다. 나는 축복받은 사람이고 감사할 것이 많은 사람이다.

나는 사랑이라는 개념을 정립하는 데 수많은 전문가로부터 도움을 받았다. 정신과 의사인 로스 캠벨과 저드슨 스위할트와 스코트 펙이 그분들 가운데 속한다. 데비 바와 캐시 피터슨은 원고 정리하는 것을 도와주었다. 트리샤 쿠베와 던 슈미트는 출판에 따른 제반 업무를 담당해 나를 도왔다.

끝으로 무엇보다도 40년 이상 상담을 하면서 만난 부부들이 자신들의 솔직한 삶의 모습을 내게 털어놓았는데 그들에게 감사하고 싶다. 그들의 진솔함에 이 책을 바치는 바이다.

The Five Love
Languages

contents

역자 서문 _5

서문 _9

Part 1 결혼 후 사랑이 사라진다? _17

1. 결혼 후 사랑이 사라진다? _19
2. 사랑의 탱크를 채워라 _27
3. 사랑에 빠진다? _35

Part 2 5가지 사랑의 언어 _49

1. 인정하는 말 Words of Affirmation _51
2. 함께하는 시간 Quality Time _73
3. 선물 Receiving Gifts _97
4. 봉사 Acts of Service _117
5. 스킨십 Physical Touch _137
6. 나의 사랑의 언어를 아는 법 _153

The Five Love Languages

Part 3 사랑은 선택이다 _165

1. 사랑은 선택이다 _167
2. 사랑이 변화시킨다 _177
3. 미운 사람 사랑하기 _187

맺는 말 _205

부록 _209

사랑의 언어 FAQ _211
5가지 사랑의 언어 검사 남편용 _233
5가지 사랑의 언어 검사 아내용 _241
남편과 아내의 사랑의 언어 비교표 _248

내가 사람의 방언과 천사의 말을 할지라도

사랑이 없으면 소리 나는 구리와 울리는 꽹과리가 되고

내가 예언하는 능력이 있어 모든 비밀과 모든 지식을 알고

또 산을 옮길 만한 모든 믿음이 있을지라도

사랑이 없으면 내가 아무것도 아니요

내가 내게 있는 모든 것으로 구제하고

또 내 몸을 불사르게 내줄지라도

사랑이 없으면 내게 아무 유익이 없느니라

사랑은 오래 참고 사랑은 온유하며 시기하지 아니하며

사랑은 자랑하지 아니하며 교만하지 아니하며

무례히 행하지 아니하며 자기의 유익을 구하지 아니하며

성내지 아니하며 악한 것을 생각하지 아니하며

불의를 기뻐하지 아니하며 진리와 함께 기뻐하고

모든 것을 참으며 모든 것을 믿으며

모든 것을 바라며 모든 것을 견디느니라

고린도전서 13장 1–7절

The Five Love
Languages

Part 1

결혼 후 사랑이 사라진다?

1

결혼 후 사랑이 사라진다?

버펄로와 댈러스 사이의 3만 피트 상공을 나는 비행기 안에서, 옆자리에 앉았던 사람이 잡지를 읽다 말고 내 쪽을 바라보며 "실례지만 무슨 일을 하시나요?"라고 물었다.

"결혼 생활 상담도 하고 결혼 생활 세미나도 인도합니다"라고 솔직하게 말해 주었다.

그러자 그 사람은 "오랫동안 궁금하게 여기던 질문이 하나 있는데, 도대체 결혼 후에 사랑은 어떻게 되는 것입니까?"라고 물었다.

나는 잠시 눈을 좀 붙여 볼까 하던 생각을 접어 두고 "그게 무슨 뜻입니까?" 하고 되물었다.

그가 대답했다. "나는 결혼을 세 번 했습니다. 매번 결혼할 때마다 결혼 전에는 무척 좋았었는데, 어떻게 된 일인지 결혼 후에는 모든 것이 엉망이 되어 갔습니다. 내가 아내를 향해 가졌던 사랑이나 아내가 나를 향해 가졌던 사랑이 사라져 버리곤 했어요. 나는 교육도 제법 받았고 사업도 성공적으로 하고 있습니다. 그렇지만 이건 도무지 이해가 되지 않습니다."

"결혼 기간은 어느 정도씩이나 지속되었습니까?"

"첫 번째 결혼은 10년, 두 번째 결혼은 3년, 세 번째 결혼은 6년 정도 지속되었습니다."

"결혼 직후에 곧 사랑이 사라져 버렸습니까? 아니면 서서히 식었습니까?"

"두 번째 결혼은 정말 처음부터 잘못되었는데, 도대체 어떻게 된 일인지 모르겠습니다. 우리는 서로를 진실로 사랑한다고 생각했는데 허니문 때부터 잘못되어 갔고, 끝내 회복되지 못했습니다. 우리는 단 6개월 동안 교제했는데, 그것은 굉장한 로맨스였지요. 정말 멋졌어요. 하지만 결혼 후에는 처음부터 전쟁이었습니다.

첫 번째 결혼은 아이가 태어나기 전 3, 4년 동안은 참 좋았습니다. 그러나 아이가 태어나자마자 아내는 아이한테만 관심을 쏟고 나에게는 무관심해졌습니다. 아내는 마치 아이가 인생의 목적인 것처럼 행동했고, 더 이상 나를 필요로 하지 않는 것 같았습니다."

"당신 아내에게 그 점에 대해 말해 봤습니까?"

"물론 말해 보았지요. 그러나 아내는 내가 미쳤다고 했습니다. 하루종일 아이를 돌보는 데서 오는 스트레스를 이해하지 못한다며 나에게 좀 더 자기를 이해하고 도와주어야 한다고까지 했습니다. 나는 정말 노력해 봤지만 변화가 없었지요. 그 후 우리 사이는 더 소원해져 갔습니다. 얼마 지나지 않아 우리 사이에 더 이상 사랑은 없었고 사는 것이 죽을 맛이었습니다. 결국 이혼에 합의했지요.

마지막 세 번째 결혼은 좀 달랐습니다. 이혼한 지 3년이 되었을 때 만나 2년간 교제했습니다. 나는 우리가 서로를 충분히 알고 있다고 생각했으며 처음엔 그것이 서로를 사랑하는 것이라고 생각했습니다. 나는 그녀가 진실로 나를 사랑한다고 느꼈지요.

나는 결혼 후에 내가 변했다고 생각하지 않습니다. 나는 결혼 전에 하던 대로 그녀에게 계속 사랑을 표현했습니다. '당신이 얼마나 아름다운지, 당신을 내가 얼마나 사랑하는지, 당신의 남편이 된 것이 얼마나 자랑스러운지 모른다'라고도 했지요. 그렇지만 결혼 후 얼마 안 가서 아내는 불평을 늘어놓기 시작했어요. 처음에는 쓰레기를 버려 주지 않는다든지, 옷을 옷걸이에 걸지 않는다든지 하는 아주 사소한 것이었으나, 나중에는 나를 신뢰하지 못할 사람으로 여기면서 내가 자기에게 충실하지 못하다고 인격적으로 모독했습니다.

아내는 완전히 부정적인 사람이 되었습니다. 결혼 전에 아내는 결코 부정적인 사람이 아니었어요. 아내는 내가 만난 사람 중 가장 긍정적인 사람이었지요. 그 점이 내가 아내에게 매료되었던 이유 중의 하나였으니까요. 나는 아내가 불평하는 것을 본 적이 없었어요. 내가 하는 일 모두가 그녀에게 훌륭한 것으로 보였으나 일단 결혼하고 나니 내가 잘하는 일은 하나도 없었습니다. 솔직히 어떻게 된 영문인지 모르겠습니다.

그래서 아내에 대한 사랑은 서서히 식어지고 분노가 치밀기 시작했습니다. 아내도 나에 대한 사랑이 없는 것이 분명했습니다. 이렇게 서로에게 상처만 주면서 함께 사느니 차라리 헤어지자고 합의하기에 이르렀습니다.

그것이 1년 전이었지요. 그래서 '결혼 후 사랑은 어떻게 되는가?' 하는 것이 늘 의문이었습니다. 내가 겪은 이러한 일들이 다른 사람들에게도 흔히 일어나는 일일까요? 이혼이 우리 나라에 왜 그렇게 많은지요? 내가 세 번씩이나 이혼했다는 것을 나 자신도 믿을 수 없습니다. 이혼하지 않고 사는 사람들은 공허한 상태로도 사는 법을 터득한 것인지, 아니면 결혼 이후에도 사랑이 실제로 계속 유지되어 그러는 것인지 모르겠어요. 만일 그렇다면 어떻게 해야 합니까?"

내 옆 좌석에 앉았던 사람의 이 질문은 오늘날 수천 명의 결혼한 부부나 이혼한 부부들이 던지는 질문이기도 하다. 어떤 이들은 친구들에게, 어떤 이들은 상담가나 성직자들에게, 어떤 이들은 스스로에게 묻는다. 어떤 때는 거의 이해할 수 없는 심리학 용어로 답이 주어지고, 어떤 때는 유머나 해학으로 넌지시 표현되기도 한다. 대부분의 농담이나 간결한 말이 어떤 진리를 내포하고 있기는 하지만 그것은 암 환자에게 아스피린을 주는 것에 불과하다.

결혼 생활에서 로맨틱한 사랑에 대한 갈망은 심리학적 구조에 그 뿌리가 있다. 이 주제를 다룬 책들도 많다. 텔레비전이나 라디오에서도 이것을 다룬다. 인터넷에도 많이 나와 있다. 부모와 친구들도 이야기한다. 결혼 생활에서 사랑을 유지하는 것은 그만큼 중요한 문제이다.

도움을 주는 자료가 그렇게 많음에도 불구하고 결혼 후에도 사랑을 지속시키는 비밀을 알고 있는 부부는 왜 그렇게 적은 것인가? 부부가 세미나에 참석해 상호 의사소통하는 좋은 방법들을 들어도 집으로 돌아와서 배운 의사소통 방식들을 실제로 실행에 옮기지 못하는 것은 무엇 때문인가? 오프라 윈프리 쇼에 출연한 한 전문가가 "배우자에게 사랑을 표현하는 101가지 방법"을 소개하는 것을 보고 자신에게 특별히 좋을 것 같은 두세 가지 방법을 선택해 시도해 보지만, 배우자가 알아차리지도 못하는 것은 무엇 때문인가? 그러면 우리는 나머지 98가지 방법조차도 포기하고 이전의 삶으로 돌아간다.

우리가 모르고 있는 사실

이러한 질문들에 대한 답변을 시도하는 것이 이 책의 목적이다. 이미 출판된 책이나 잡지들이 도움이 되지 못했다는 것은 아니다. 문제는 우리가 근본적인 하나의 사실을 간과해 왔다는 것이다. 그것은 사람들이 서로 다른 사랑의 언어를 사용한다는 것이다.

나는 인류학을 전공했다. 그래서 언어학을 공부했는데, 그 주요 언어는 일본어, 중국어, 스페인어, 영어, 포르투갈어, 그리스어, 독일어, 프랑스어 등이다. 우리는 대부분 부모나 동기들의 말을 배우며 성장하고 그것이 제1의 언어, 즉 모국어가 된다. 후에 다른 언어를 배울 수 있지만 많은 노력이 필요하다. 이러한 언어는 제2의 언어가 된다. 우리는 모국어를 가장 잘 구사하며 이해한다. 모국어를 할 때 가장 편안하다. 물론 제2의 언어를 사용할 줄 안다면 의사소통은 더 편리해질 것이다.

만일 모국어밖에는 사용할 줄 모르는 사람이 다른 모국어 하나만 아는 사람을 만나게 되면 의사소통이 매우 제한될 것이다. 손짓을 하거나, 소리를 내거나, 그림을 그리거나, 몸짓으로 자신의 생각을 표현해야 한다. 간신히 의사소통 정도는 할 수 있으나 몹시 거추장스럽다. 언어의 차이는 인간 문화의 한 단면이다. 우리가 타 문화권과 효과적으로 의사소통하기를 원한다면 반드시 그 문화권의 언어를 배워야 한다.

사랑도 이와 비슷하다. 중국어가 영어와 다르듯이 당신의 사랑의 언어가 배우자의 사랑의 언어와 다를 수 있다. 당신이 사랑을 표현하기 위해 영어로 아무리 노력한다 할지라도 당신의 배우자가 중국어만 아는 사람이라면 당신이 그를 얼마나 사랑하는지를 결코 이해할 수 없을 것이다.

비행기에서 만난 그 사람이 그의 세 번째 아내에게 '그녀가 얼마나 아름다운지, 자신이 얼마나 그녀를 사랑하는지' 말했으며, 자신이 그녀의 남편이 된 것이 얼마나 자랑스러운지도 말했다고 했을 때, 그는 '인정하는 말'을 그의 사랑의 언어로 사용한 것이다. 그는 분명하고 진실하게 사랑을 말했지만 아내는 그의 언어를 이해하지 못했다. 그녀는 아마도 그의 행동 속에서 표현되는 사랑을 찾고 있었는지도 모른다. 진실한 것만으로도 부족하다. 사랑을 상대방에게 효과적으로 전달하기 위해 우리는 배우자가 사용하는 사랑의 언어를 기꺼이 배워야만 한다.

40년간 결혼 생활 상담을 한 후 나는 기본적인 5가지 사랑의 언어, 즉 사람들이 사랑을 표현하고 이해하는 방법에는 5가지가 있다고 결론을 내렸다. 언어 체계에서는 한 언어에 다른 방법이나 변형이 있을 수 있다. 마찬가지로 기본적인 5가지 사랑의 언어 안에도 또한 여러 방법이 있다. 그래서 "아내를 사랑하고 있다는 것을 알게 하는 10가지 방법", "남편을 집에 붙들어 두는 20가지 방법", "365일 사랑의 표현 방법" 등의 잡지 기사들이 있게 된다. 10가지, 20가지, 365가지의 사랑의 언어가 있는 것이 아니다. 내 생각에는 단지 5가지가 있을 뿐이다. 하지만 여러 방법이 있을 수 있다. 사랑의 언어로 사랑을 표현하는 방법의 수는 단지 여러분의 상상 속에 맡겨 둔다. 중요한 것은 당신의 배우자에게 사랑의 언어를 사용하는 것이다.

남편과 아내가 같은 사랑의 언어를 사용하는 경우는 드물다. 우리는 자신의 주된 사랑의 언어를 사용하는 경향이 있는데, 배우자가 우리가 전한 언어를 이해하지 못하면 당혹스러워 한다. 우리는 사랑을 표현했지만 그 메시지가 전달되지 못하는 것은 그들에게 낯선 언어이기 때문이다. 여기에 근본적인 문제가 있다. 이에 대한 해결책을 제시하는 것이 이 책의 목적이다.

배우자의 제1의 사랑의 언어를 알고 배우게 되면, 당신은 결혼 생활을 사랑으로 이끌어 가는 열쇠를 발견한 것이라고 믿는다. 결혼 후에 사랑이 사라지는 것은 아니지만 그 사랑을 지속시키기 위해 우리는 제2의 사랑의 언어를 배우는 노력을 해야 할 것이다. 배우자가 나의 모국어를 이해하지 못할 때에 나의 모국어만 사용해서는 안 된다. 내가 전달하려고 하는 사랑을 상대방이 느끼기 원한다면 그 사랑을 상대방의 사랑의 언어로 표현해야 한다.

생각하기

다음 문장을 채우시오.

"만일 사람들이 _____ 한다면 이혼이 훨씬 더 줄어들 것이다."

정답 상대방의 사랑의 언어로 표현

2

사랑의 탱크를 채워라

사랑이라는 말은 가장 중요하면서도 혼동하기 쉬운 단어다. 세상의 사상가든 종교적 사상가든 사랑이 삶에서 중요한 역할을 한다는 데 대해서는 의견을 같이한다. 수천 가지의 책, 노래, 잡지나 영화에 사랑이라는 단어가 판을 치고 있다. 수많은 철학과 신학이 사랑을 중요한 주제로 다루고 있다.

심리학자들은 사랑받고 싶은 욕구가 인간의 가장 기본적인 정서적 욕구라고 결론지었다. 사랑을 위해서라면 산을 오르고, 바다도 건너며, 사막도 횡단하고, 말할 수 없는 역경도 견딘다. 그러나 사랑이 없다면 같은 산도 오르지 못할 것이요, 바다도 건너지 못할 것이요, 사막도 횡단하지 못할 것이며, 역경은 견딜 수 없는 것이 된다.

사랑이라는 단어가 과거나 현재나 인간 사회에 널리 쓰이고 있다는 데 동의한다면, 우리는 그 말이 가장 혼동되기 쉽게 사용되고 있다는 데도 동의해야만 한다. 사랑이라는 단어는 수천 가지의 의미로 사용되고 있다.

우리는 "나는 핫도그를 사랑한다"라고 말하고, 곧이어 "나는 나의 어머니를 사랑한다"라고 말하기도 한다. 우리는 수영, 스키, 사냥 등의 사랑하는 운동들에 대해 이야기하기도 하고 음식, 자동차, 집 등의 물건들을 사랑하기도 하며 개, 고양이, 심지어 애완용 달팽이 등을 사랑하기도 한다. 우리는 나무, 잔디, 꽃, 날씨와 같은 자연을 사랑하기도 하며 어머니, 아버지, 아들, 딸, 아내, 남편, 친구와 같은 사람들도 사랑한다. 심지어 사랑이라는 것 자체를 사랑한다고 한다.

이 모든 것이 혼동을 가져다주지 않는다 할지라도 우리는 행위를 설명하기 위해 사랑이라는 말을 사용하기도 한다. "그녀를 사랑하기에 나는 이것을 했다." 이 표현은 모든 행동에 사용된다.

한 정치인이 간음하게 되었는데, 그는 그것을 사랑이라 부르는 반면에 목사는 그것을 죄라 부른다. 알코올 중독에 빠진 남편을 둔 한 여인이 남편이 최근에 일으킨 문제를 수습하면서 그것을 사랑이라 부른다. 하지만 심리학자들은 그것을 상호 의존 증세codependency라고 부른다. 부모는 사랑이라는 명목으로 아이들의 응석을 다 받아 준다. 그러나 가정 문제 전문가들은 그것을 무책임한 양육 태도라고 한다. 그럼 사랑하는 행위는 무엇이란 말인가?

이 책의 목적은 사랑이라는 말과 관련된 온갖 혼동을 제거해 주기 위한 것이 아니라, 우리의 정서적 건강에 꼭 필요한 사랑에 초점을 맞추려는 것이다. 아동 심리학자들은 모든 아이가 정서적으로 안정되기 위해서는 충족되어져야 하는 어떤 기본적인 정서적 욕구가 있다고 말한다.

이러한 정서적 욕구 가운데, 아이들이 누군가에게 소속되어 있고 필요한 사람이라는 것을 느끼게 해 주는 사랑과 애정의 욕구보다 더 중요한 것은 아무것도 없다. 아이들은 충분한 애정을 받음으로 책임감 있는 어른으로 성장할 것이다. 반면 사랑이 결핍된 아이들은 정서적으로나 사회적으로 문제를 겪게 될 것이다.

"모든 아이의 내면에는 사랑으로 채워지길 기다리는 '정서 탱크'emotional tank가 있다. 아이가 진정으로 사랑받고 있다고 느낄 때 그 아이는 정상적으로 성장하지만, 그 사랑 탱크가 비었을 때 그 아이는 그릇된 행동을 하게 된다. 수많은 아이들의 탈선은 빈 '사랑 탱크'love tank가 채워지기를 갈망하는 데서 비롯된다." 아동기와 사춘기의 전문가인 정신과 의사 로스 캠벨 박사의 이 비유를 처음 들은 순간부터 좋아하게 되었다. 그것은 나도 전적으로 동감하기 때문이다.

나는 그의 말을 들으면서 내 사무실에 찾아와 자녀들의 탈선을 상담했던 수많은 부부를 생각했다. 그들 자녀의 내면에 있는 빈 사랑 탱크를 눈으로 볼 수 없었지만 그 결과는 분명히 볼 수 있었다. 그들의 탈선은 그들이 느끼지 못한 사랑을 잘못 추구한 결과였다. 그들은 그릇된 장소에서 그릇된 방식으로 사랑을 찾고 있었다.

나는 성병을 치료받고 있던 열세 살 먹은 애슐리라는 아이를 기억하고 있다. 그 아이의 부모는 완전히 좌절했다. 그들은 애슐리에게 분노하고 있었다. 그들은 학교에서 아이에게 성에 대해 가르친 것을 비난하고 있었다. "어떻게 이 아이가 이런 일을 할 수 있단 말인가?" 그들은 묻고 있었다.

애슐리와 이야기하는 가운데 아이가 자신이 여섯 살 때 겪은 부모의 이혼 이야기를 들려주었다. 아이는 "나는 아버지가 나를 사랑하지 않기 때문에 떠났다고 생각했어요"라고 말했다. "어머니는 내가 열 살 때 재혼했는데, 그때 어머니는 자신을 사랑해 줄 사람을 찾았지만 나는 나를 사랑해 줄 사람이 없었어요. 나는 사랑받기를 무척 원했어요. 그러다가 학교에서 이 아이를 만났어요. 그는 나보다 나이가 많았고 나를 좋아했어요. 나는 그 사실을 믿을 수 없었어요. 그는 내게 친절했지요. 얼마 지나지 않아 그가 정말 나를 사랑한다고 느꼈어요. 나는 성관계는 원하지 않았지만 사랑받고 싶었어요."

애슐리의 '사랑 탱크'는 여러 해 동안 비어 있었다. 그 아이의 어머니와 의붓아버지는 물질적 필요는 채워 주었지만 내면에 도사리고 있는 깊은 정서적 갈등은 눈치채지 못했다. 그들은 분명히 애슐리를 사랑했고 애슐리가 그들의 사랑을 느끼고 있다고 생각했다. 그러나 그들이 자신들의 사랑을 애슐리의 제1의 사랑의 언어로 표현하고 있지 않았다는 것을 알았을 때는 이미 늦은 때였다.

그러나 사랑에 대한 정서적 욕구가 단순히 아동기적 현상에 불과한 것만은 아니다. 그것은 장년기나 결혼 생활 때도 계속된다. 사랑에 빠지는 경험이 그러한 욕구를 일시적으로 충족시키기는 하나 그것은 미봉책에 불과하며, 나중에 다시 언급하겠지만 제한적이고 일정 기간만 지속된다. 사랑에 빠지는 최고의 경험을 한 후에도, 사랑에 대한 욕구는 인간의 근본적 욕구이기 때문에 다시 생기게 된다. 배우자로부터 사랑받고 싶은 욕구는 결혼에 대한 소원의 핵심이다.

최근에 한 남성이 내게 "아내가 당신을 사랑하지 않는다면, 집이나 차나 바닷가의 별장이나 그 밖에 좋은 것들이 무슨 소용이 있겠습니까?"라고 말했다. 그가 진정 무엇을 말하는지 아는가? "나는 무엇보다도 아내로부터 사랑받고 싶습니다"라는 것이다. 물질적인 것들이 인간의 사랑을 대신할 수 없다.

어떤 부인이 "남편은 하루 종일 나를 무시하다가 잠자리는 같이하기를 원합니다. 나는 그것이 싫습니다"라고 말했다. 그 부인은 성관계를 싫어하는 것이 아니라 감정적인 사랑을 갈망하고 있는 것이다.

사랑을 구하는 부르짖음

인간 본성에는 다른 사람으로부터 사랑받기를 갈망하는 부르짖음이 있다. 고립은 인간의 정신을 황폐하게 만든다. 그래서 홀로 가두어 두는 것은 가장 잔인한 형벌로 간주된다. 인간의 심연에는 누군가와 친밀해지고 사랑받고 싶어하는 욕망이 있다.

결혼은 이러한 친밀함과 사랑의 욕구를 충족시키기 위한 것이다. 그래서 성경은 남편과 아내가 '한 몸'을 이룬다고 말했다. 이것은 남편이나 아내가 자신의 정체성을 잃어버리는 것이 아니라 깊고 친밀하게 서로의 삶에 들어가는 것을 의미한다.

하지만 사랑이 이렇듯 중요하지만 사라지기도 역시 쉽다. 나는 많은 부부가 남모르게 겪는 고통을 들어 왔다. 내적 고통을 견딜 수 없어 나를 찾아온 이들도 있고, 자신의 행동 방식이나 배우자의 비행이 결혼 생활을 파괴하고 있는 것을 깨닫고 찾아온 이들도 있다. 어떤 이는 그저 결혼 생활을 더 이상 지속시키고 싶지 않다고 내게 알리러 왔다. 행복하게 영원히 살자던 그들의 꿈은 현실의 높은 장벽에 부딪혀 산산이 부서진 것이다.

나는 "우리의 사랑은 이제 사라졌습니다. 우리의 관계는 끝났습니다. 이전에는 서로 친밀감을 느꼈지만 지금은 그렇지 않습니다. 우리는 더이상 함께 사는 것을 즐거워하지 않습니다. 우리는 상대방의 욕구를 충족시키지 못합니다"라는 말을 끊임없이 들어 왔다. 이러한 이야기들은 어른들도 아이들과 마찬가지로 '사랑 탱크'를 가지고 있다는 증거가 된다.

내면에 깊은 상처를 가진 부부는 '감정적 사랑 탱크'가 바닥까지 비어 있어 그런 것이 아닐까? 탈선이나 거친 말이나 비판적 태도가 빈 사랑 탱크 때문이 아닐까? 이 텅 빈 탱크를 채울 길을 찾을 수 있다면 결혼 생활은 다시 새로워질 수 있지 않을까? 사랑 탱크가 꽉 찬다면 부부들이 서로의 차이점을 의논하여 갈등을 해결할 수 있는 감정 상태를 회복할 수 있지 않을까? 그 탱크가 결혼 생활을 정상화하는 열쇠가 되지 않을까?

나는 이런 질문들을 오랫동안 해 왔다. 그러는 가운데 나는 이 책에 소개한 간단하면서도 강력한 통찰을 얻게 되었다. 이 여정은 40년간의 결혼 상담을 통해서뿐만 아니라 미국 전역에 걸쳐 수많은 부부의 마음과 가슴으로 이어졌다.

시애틀에서 마이애미에 이르기까지 많은 부부가 그들의 은밀한 결혼 생활로 나를 초청해 주었으며 우리는 솔직하게 이런 주제로 이야기를 나누었다. 이 책에 있는 예들은 모두 이러한 실제 삶에서 나온 것이다. 솔직하게 털어놓은 그들의 비밀 보장을 위해 단지 이름과 장소만 변경시켰을 뿐이다.

자동차의 연료 탱크에 기름을 넣어 적당한 레벨로 유지시켜 주어야 하듯, 사랑 탱크에도 충분하게 사랑을 채워 사랑의 레벨을 유지시켜 주는 것이 중요하다고 나는 확신하다. 결혼 생활에 빈 '사랑 탱크'를 그대로 두고 지내는 것은 기름을 넣지 않고 자동차를 운전하는 것보다 더 위험하다. 당신이 읽고 있는 이 책은 위기에 빠진 수많은 결혼 생활을 구할 수 있으며 아름다운 결혼 생활로 이끌어 줄 수 있다. 지금 당신의 결혼 생활이 어떠하든지 분명히 나아질 수 있다.

주의 사항

당신이 5가지 사랑의 언어를 이해하고, 배우자의 제1의 사랑의 언어로 구사하는 것을 배우게 되면, 상대방의 행동에 큰 변화가 나타날 것이다. 사람들은 자신의 사랑 탱크가 찼을 때에 전과는 다르게 행동한다.

그러나 5가지 사랑의 언어를 검토하기 전에, 우리는 중요하면서도 혼란스러운 현상인 사랑에 빠진 상태에서의 행복감에 대해 먼저 이야기해야만 한다.

생각하기

'선한 뜻에서', 다시 말해 사랑의 동기에서 어떤 일을 했는데, 엉뚱한 결과가 나온 적이 있는가?

3

사랑에 빠진다?

그녀는 약속도 없이 내 사무실에 찾아와 단 5분만 나를 만나고 싶다고 비서에게 요청했다. 나는 18년 동안 제니스를 알고 지내 왔다. 그녀는 서른여섯의 미혼이었다. 그리고 이따금씩 데이트 문제를 가지고 나를 찾아왔었다.

그녀는 사려 깊고 남을 배려하는 사람이었다. 그래서 예고 없이 불쑥 내 사무실에 나타난 것은 그녀의 성격과 전혀 다른 행동이었다. 나는 약속도 없이 내 사무실에 나타난 것을 보아 제니스에게 심각한 위기가 닥친 것이 분명하다고 생각했다. 나는 비서에게 그녀를 들여보내라고 말하면서 그녀가 들어오자마자 눈물을 터트리며 비참한 이야기를 할 것을 예상했다. 하지만 그녀는 아주 기쁜 얼굴로 내게 다가섰다.

"제니스, 요즘 어떻게 지내요?"라고 내가 물었다.

"아주 잘 지낸답니다. 평생 이렇게 좋은 때는 없었어요. 결혼하게 될 것 같아요"라고 그녀가 대답했다.

나는 깜짝 놀라며 "결혼한다고요? 누구하고, 언제?"라고 물었다.

그녀는 "데이비드 갈레스피하고, 9월에요"라고 유쾌하게 대답했다.

"정말 놀랍군요. 얼마 동안 교제했는데요?"

"3주간이요. 채프먼 박사님, 그동안 많은 남성과 교제해 보았고 결혼할 뻔한 일도 여러 번 있었지만 이번에는 좀 성급하다는 것을 나도 잘 알아요. 나 자신도 믿기지 않지만 데이비드는 내게 꼭 맞는 배우자예요.

우리는 첫 번째 만남부터 서로 그런 줄 알았어요. 물론 처음 만난 날 밤에 그런 이야기를 한 것은 아니지만 일주일 후에 그가 내게 청혼했어요. 처음부터 나는 그가 청혼하리라 생각했고 나 역시 받아들일 준비가 되어 있었어요. 박사님, 전에는 한 번도 이렇게 느껴 본 적이 없었어요. 박사님은 그동안 있었던 나의 이성 교제와 갈등을 알고 계시잖아요. 매번 교제할 때마다 무엇인가 석연치 않은 것이 있었거든요. 그 어느 누구하고도 결혼하고 싶은 생각이 없었는데, 데이비드는 내가 결혼하고 싶은 바로 그 사람이라는 생각이 들어요."

그녀는 안락의자를 흔들어 가며 계속 말했다. "내가 좀 엉뚱하다는 것은 알아요. 하지만 지금 무척 행복하답니다. 내 생애에 이렇게 행복한 적은 없었어요."

제니스에게 무슨 일이 생긴 것인가? 그녀는 사랑에 빠졌다. 그녀 생각에는 지금까지 만나 온 사람들 중 데이비드가 가장 매력 있는 사람이다. 그는 모든 면에서 완벽하다. 가장 이상적인 남편이 될 것이다. 그녀는 밤낮 그를 생각한다. 데이비드가 두 번이나 이혼한 경력이 있으며, 세 자녀가 있고, 작년에 세 직장을 전전했다는 사실들이 제니스에게는 대수롭지 않다. 그녀는 지금 행복하며 또한 데이비드와 영원히 행복하리라는 확신이 있다. 그녀는 지금 사랑에 빠져 있다.

우리 대부분은 사랑에 빠지는 경험을 통해 결혼을 한다. 우리는 사랑을 일깨우는 장치를 자극시킬 만한 신체적 특징이나 성격을 지닌 사람을 만난다. 그러면 그 장치가 작동하기 시작하여 우리는 그 사람과 교제하는 단계에 접어든다. 첫 번째 단계에서는 햄버거나 스테이크를 같이 먹지만 우리의 관심은 음식에 있지 않다. 우리는 사랑을 확인하기 위해 질문을 한다. "내 속에 있는 이렇게 따뜻하고 두근거리는 감정이 '진실한' 것인가?"

어떤 때는 첫 번째 만남에서 두근거리는 감정을 잃어버린다. 잠깐 그 기분에 빠지지만 곧 그것이 사라지고 더 이상 햄버거를 같이 먹고 싶지 않다. 반면에 어떤 두근거림은 햄버거를 같이 먹은 이후에 더 커진다.

우리는 함께하는 경험을 좀 더 하게 되고 머지않아 "나는 사랑에 빠진 것 같아!"라고 말하는 단계에 도달한다. 점차적으로 이것이 진실한 것이라고 확신하며 그 감정이 상호 간에 있을 것이라 기대하고 상대방에게 말한다. 만일 상대방이 그렇지 않다면 그 감정이 약간 사라지거나 배로 노력하여 결국 그 사랑을 얻기도 한다.

상호 간에 이러한 일이 일어날 때 우리는 결혼에 대해 말하기 시작한다. 사랑에 빠지는 것이 행복한 결혼 생활을 위한 전제 조건이라고 생각하기 때문이다.

구름 위를 걷다

사랑에 빠지는 경험이 절정에 이를 때 황홀하다. 우리는 감정적으로 서로 몰입한다. 서로를 생각하면서 잠자리에 든다. 아침에 일어났을 때도 제일 먼저 그 사람을 생각한다. 함께 시간을 보내는 것은 천국의 대기실에서 노는 것과 같다. 손을 잡을 때, 서로 피가 통하는 것 같다. 학교나 일터로 갈 필요가 없다면 영원히 키스할 수도 있다. 포옹하면서 결혼과 환희를 꿈꾼다.

사랑에 빠진 사람은 사랑하는 이가 완전하다는 환상을 갖는다. 친한 친구가 단점을 보고 충고하지만 귀에 거슬린다. 듣지 않는다. 어머니는 남자 친구가 한 직장에 붙어 있지 못하는 것을 알고 넌지시 '앞으로의 생활 계획'에 대해 묻는다.

결혼 전에 우리는 행복한 결혼 생활을 꿈꾼다. 즉 '우리는 서로를 최고로 행복하게 만들어 줄 거야. 다른 부부들은 다투고 싸우지만 우리는 그렇지 않을 거야. 우리는 서로 사랑하니까'라고 생각한다. 물론 우리가 완전 숙맥은 아니다. 궁극적으로 서로 다르다는 것을 머리로는 안다. 그러나 서로 다른 점을 드러내 놓고 이야기하면 둘 중의 하나가 기꺼이 양

보하여 일치하게 되리라 확신한다. 사랑에 빠져 있을 때는 그 밖에 다른 것을 믿기가 쉽지 않다.

사랑에 빠졌을 때는 그것이 영원할 것이라고 믿는다. 지금 이 순간에 느끼는 놀라운 감정을 영원히 가질 것이다. 둘 사이에 아무것도 끼어들 수 없다. 그 무엇도 서로를 향한 사랑을 방해할 수 없다. 상대방의 아름다움과 매력에 사로잡힌다. 우리의 사랑은 지금까지 경험한 것 중에서 가장 놀라운 것이다. 결혼한 어떤 부부들은 그 감정이 사라진 것 같지만 우리는 결코 그렇지 않을 것이다. '아마 그들은 진정으로 사랑하지 않았을 거야'라고 추측한다.

불행하게도 사랑에 빠지는 감정이 영원히 지속된다는 것은 사실이 아니라 허구다. 심리학자인 도로시 테노브 Dorothy Tennov 박사는 사랑에 빠질 때 나타나는 현상을 오랫동안 연구해 왔다. 결혼한 부부들을 연구해 보니 로맨틱한 사랑에 사로잡힌 기간은 평균 2년이라는 결론이 나왔다. 만일 그것이 비밀리에 이루어지는 사랑이라면 조금 더 지속될 수 있다. 그렇지만 결국에는 구름 위를 떠다니는 상태에서 벗어나 현실을 직시하게 된다.

눈이 뜨이고 상대방의 결점이 보인다. 상대방의 결점이 눈에 거슬린다. 그녀의 행동 방식이 짜증이 난다. 그는 상대방을 기분 나쁘게 하며 분을 내고 심지어는 거친 말이나 비판도 서슴지 않는다. 사랑에 빠졌을 때는 눈감아 주었던 작은 것들이 태산이 되어 다가온다.

현실로 돌아오다

이제 결혼 생활의 현실로 돌아온다. 세면대 위에는 머리카락이 널려 있고 거울은 얼룩으로 지저분하다. 화장지는 어떻게 걸어야 하는지, 변기 뚜껑을 올려놓아야 하는지 닫아 놓아야 하는지를 놓고 다툰다. 신발은 스스로 신장에 들어가지 않으며, 서랍은 스스로 닫히지 않고, 코트는 옷걸이를 싫어하고, 양말은 세탁기에서 탈영한다. 이런 세상에서는 보는 것만으로도 상처가 되고 입을 열면 부담이 된다. 사랑하던 사람이 적으로 변하며 결혼 생활은 전쟁터가 된다.

사랑에 빠졌던 감정은 도대체 어떻게 된 것인가? 아아, 슬프도다! 그것은 환상이었다. 우리는 속아서 무작정 결혼에 동의했다. 많은 사람이 결혼 생활과 한때 사랑했던 배우자를 저주하는 것은 이상할 것이 하나도 없다. 우리가 속았다면 화낼 권리도 있기 때문이다. 우리가 '진실로' 사랑했단 말인가? 분명 그렇다. 문제는 잘못된 정보에 있다.

그 잘못된 정보란 사랑에 빠지는 황홀한 감정이 영원히 지속된다는 것이다. 우리는 바로 알아야 한다. 만일 사랑에 빠진 상태가 계속된다면 심각한 문제가 생긴다. 그 감정의 여파가 사업이나 직장이나 교회나 학교 등 사회 구석구석에서 부작용을 일으킬 것이다. 사랑에 빠진 사람은 다른 것에 도무지 흥미를 느끼지 못하니까 말이다. 그래서 우리는 그것을 '사로잡힌' 상태라고 부른다.

사랑에 빠진 학생은 성적이 곤두박질친다. 사랑에 빠진 상태에서 공부하는 것은 어렵다. 내일 1812년에 있었던 전쟁에 대한 시험이 있다고 하자. 1812년에 있었던 전쟁이 도대체 무슨 상관이란 말인가? 당신이 사랑에 빠질 때는 다른 모든 것이 상관없는 것처럼 보인다.

어떤 사람이 내게 와서 "채프먼 박사님, 나는 내 직업에 흥미를 잃었습니다"라고 말했다.

"그게 무슨 말입니까?"라고 나는 되물었다.

"한 소녀를 만나 사랑에 빠지게 되었는데, 나는 아무것도 할 수 없습니다. 직장 일에 집중할 수 없습니다. 온통 그녀 생각으로 하루를 보냅니다."

사랑에 빠진 상태에서의 행복감은 서로 긴밀한 관계 가운데 있다는 허상을 준다. 우리는 서로에게 소속되어 있다고 느낀다. 모든 문제를 정복할 수 있다고 믿는다. 서로를 사랑하고 위해 준다고 느낀다. 한 젊은이가 자기 약혼자에 대해 말했다. "나는 그녀의 마음을 상하게 하는 것은 생각도 할 수 없습니다. 나의 유일한 소망은 그녀를 행복하게 해 주는 것입니다. 그녀의 행복을 위해서라면 그 어떤 것도 할 수 있습니다."

그러한 감정에 사로잡히게 되면 자기 중심적 태도는 없어지고 사랑하는 사람을 위해 무엇이든지 기꺼이 하는 테레사 수녀 같은 사람이 되었다는 착각을 하게 된다. 우리가 그렇게 너그럽게 할 수 있다는 것은 상대방도 똑같이 자신에게 그렇게 느낀다고 믿기 때문이다. 우리는 그녀가 나의 욕구를 알아차리고, 그녀는 내가 그녀를 사랑하는 것만큼 나를 사랑해서 결코 마음 상하게 하지 않을 것을 믿는다.

그렇게 생각하는 것은 환상이다. 우리가 생각하며 느끼는 것이 진실하지 않다는 것이 아니라 단지 현실적이지 않다는 것이다. 우리는 인간의 본성을 파악하지 못하고 있는 것이다. 날 때부터 우리 모두는 자기중심적이다. 이 세상을 우리 중심으로 생각한다. 완전히 이타적인 사람은 아무도 없다. 사랑에 빠진 행복감은 단지 그런 환상만 줄 뿐이다. 사랑에 빠진 경험이(사랑에 빠지는 경험은 평균 2년 정도 지속된다는 것을 기억하라) 끝나면 우리는 현실로 돌아와 자신을 주장하기 시작한다. 그는 자신의 희망 사항을 표현할 것이다. 하지만 그녀의 것과는 너무도 다르다. 그는 성관계를 요구하지만 그녀는 몹시 지쳐 있다. 그는 새 차를 구입하기 원하지만 그녀는 '당치 않은 소리'라고 면박을 준다. 그녀는 친정을 방문하기 원하지만 그는 "나는 처가 식구와 많은 시간을 함께하고 싶지 않아"라고 말한다.

아주 가까운 관계에 있다는 환상은 점차로 사라지고 각자의 욕망이나 감정이나 생각이나 행동이 강하게 표출된다. 그들은 하나가 아니라 두 개체인 것이다. 그들의 마음은 융합되지 못했고, 감정은 사랑이라는 넓은 바다에 잠시 섞여 있었던 것에 불과하다. 이제 현실이라는 파도가 그들을 갈라놓기 시작한다. 그들은 빠졌던 사랑에서 벗어난다. 여기에 이르면 별거를 하고 이혼을 하며 새로운 사랑을 찾아 나서거나 아니면 사랑에 사로잡혀 있는 행복감 없이도 서로를 사랑하는 법을 익히는 아주 힘든 작업을 시작한다.

어떤 사람들은 사랑에 빠진 경험이 끝날 때 다음 두 가지 중 하나를 선택해야 한다고 믿는다. 첫째, 배우자와 함께 비참한 삶을 살아야 한다. 둘째, 결혼 생활이라는 배에서 뛰어내려 다시 시작해야만 한다. 이전 세대는 전자를 택했지만 우리 세대는 후자를 선호한다.

좀 더 나은 선택을 해야 한다고 결론짓기 전에 다음의 자료를 잘 살펴보아야 한다. 연구에 의하면 두 번째 결혼의 60% 이상이 이혼으로 끝난다. 자녀가 있으면 더 높아진다.[1]

이러한 통계는 제3의 좀 더 나은 방안을 암시하는데, 그것은 사랑에 빠진 경험이 일시적으로 감정이 고조된 상태라는 것을 인정하고 배우자와 더불어 진정한 사랑을 추구하라는 것이다. 이 사랑도 본질적으로 감정적이기는 하나 사로잡힌 것은 아니다. 이것은 바로 이성과 감성을 연합시켜 주는 사랑이다. 이것은 의지에 따른 행동을 내포하고 훈련을 요구하며 개개인의 성숙의 필요를 인정한다.

우리의 가장 기본적인 감정의 욕구는 사랑에 빠지는 것이 아니라, 본능이 아닌 이성과 선택에서 나온 사랑을 알고 서로 진정으로 사랑받는 것이다. 나는 내 안에서 사랑받을 만한 무엇인가를 보고 나를 사랑하기로 선택하는 누군가에 의해 사랑받을 필요가 있다.

이러한 사랑은 노력과 훈련을 필요로 한다. 이것은 만일 배우자의 삶이 나의 노력에 의해 풍성해진다면 나 또한 정말 서로 사랑하고 있다는 만족감을 느낄 것을 알고, 열심히 배우자의 유익을 위해 노력하고자 하는 선택이다. 이것은 사랑에 빠진 황홀감을 필요로 하지 않는다. 사실

---

1. "The Stepcouple Divorce Rate May Be Higher Than We Thought," Ron L. Deal, https://www.smartstepfamilies.com/smart-help/marriage-family-stepfamily-statistics.

진정한 사랑은 사랑에 빠진 감정을 벗어나야 비로소 시작된다.

사로잡힌 상태에서 하는 친절하고 너그러운 일들을 우리는 신뢰할 수 없다. 우리는 정상적인 행동 방식을 벗어나는 본능의 힘에 의해 이리저리 끌려다녔다. 그러나 일단 선택을 해야 하는 실제 삶으로 돌아왔다면, 친절함과 너그러움을 택해야 한다. 그것이 바로 진정한 사랑이다.

감정적으로 건강하기 위해서는 감정적 사랑의 욕구가 충족되어야 한다. 결혼한 부부들은 배우자로부터 사랑받기를 갈망한다. 배우자가 우리를 받아들이고 원하고 우리의 행복을 위해 헌신한다는 것을 확신할 때 우리는 안정감을 느낀다. 사랑에 빠졌을 때 우리는 이 모든 감정을 느꼈다. 그것이 지속되는 동안은 천국이었다. 우리의 실수는 그것이 영원히 지속될 것이라고 착각한 것이다.

하지만 그 사로잡힌 감정은 영원히 지속되지 않는다. 결혼 생활이라는 교과서에서 사로잡힌 감정은 단지 서론에 불과하다. 그 책의 본론은 이성과 의지에 의한 사랑이다. 이 사랑이 바로 현인들이 우리에게 말한 사랑이다. 이것은 의지적 사랑이다.

이것은 사랑에 빠진 감정이 소멸된 부부들에게 희소식이다. 사랑이 선택이라면 사랑에 빠진 감정이 사라지고 현실로 돌아온 후에도 사랑할 수 있다는 것이다. 이러한 사랑은 태도, 즉 생각 방식에서 시작된다. 사랑은 "나는 당신과 결혼했으므로 당신의 유익을 살피기로 선택합니다"라고 말하는 자세이다. 그럴 때 사랑하기로 선택한 사람은 그 결정을 적절하게 표현하는 방법을 발견할 것이다.

"그렇지만 그것은 별 효과가 없을 것 같은데요"라고 어떤 이들은 말한다. "사랑은 적절한 행동을 동반한 태도라고요? 짜릿하고 신나는 깊은 감정들은 어디로 갔단 말입니까? 설레며 기다리고 눈으로 사랑을 속삭이고 감전된 듯 키스를 하고 황홀하게 함께했던 모든 것은 도대체 어떻게 된 것입니까? 내가 상대방의 마음속에서 제일 중요한 사람이라는 것을 알고 느꼈던 안정감은 어떻게 된 것입니까?"

이 책이 바로 이 모든 것에 대해 말해 준다. 우리는 상대방의 사랑받고자 하는 깊은 감정적 욕구를 어떻게 채워 주는가? 우리가 이러한 것을 배워 실행하기로 한다면 우리의 사랑은 이전에 열중했던 그 어떤 사랑보다 더 신나는 것이 될 것이다.

지금까지 오랫동안 나는 결혼 생활 세미나와 개인 상담을 통해 5가지 사랑의 언어에 대해 이야기했다. 많은 부부가 여러분이 이제 읽을 내용의 효과를 입증해 줄 것이다. 내 서류함은 내가 만나 보지 못한 사람들로부터 온 편지들로 가득 차 있는데, 대부분은 이런 내용이다.

"한 친구가 사랑의 언어에 대한 테이프를 빌려주어 들었는데, 그것이 우리의 결혼 생활을 변화시켰습니다. 우리 부부는 오랫동안 서로 사랑하려고 노력했지만 감정적으로 빗나가기만 했었습니다. 지금 우리 부부는 서로에게 적합한 사랑의 언어를 구사하고 있으며, 우리의 결혼 생활은 굉장히 좋아졌습니다."

배우자의 사랑 탱크가 가득 차서 당신의 사랑 안에서 안전함을 느낄 때, 당신의 배우자는 온 세상이 환하게 보이며 인생에서 최고의 능력을 발휘할 것이다. 하지만 사랑 탱크가 비어 사랑받지 못하고 단지 이용당한다고 느낄 때, 세상은 어두워 보이며 그는 결코 잠재력을 발휘하지 못할 것이다.

앞으로 나올 다섯 장에서 나는 5가지 사랑의 언어를 설명할 것이며, 여섯 번째 장에서는 배우자의 제1의 사랑의 언어를 발견하는 것이 어떻게 당신의 사랑을 가장 생산적으로 만들 수 있는지를 설명할 것이다.

생각하기

당신의 결혼 생활에서 처음의 낭만적인 감정이 사라지고
'현실'이 보이기 시작하던 때를 돌이켜 보라.
이것이 당신의 부부 관계에 어떤 영향을 주었는가?

The Five Love
Languages

The Five Love
Languages

함께하는 시간

선물

인정하는 말

스킨십

봉사

Part 2

5가지 사랑의 언어

1

인정하는 말

Words of
Affirmation

마크 트웨인은 "나는 한 번 칭찬을 받으면 두 달 동안은 잘 지낼 수 있다"라고 말한 적이 있다. 마크 트웨인의 말대로라면 1년에 여섯 번 칭찬을 받으면 1년 동안 사랑의 탱크는 정상적인 수준을 유지할 수 있다. 어쩌면 당신의 배우자는 더 많은 칭찬이 필요할 것이다.

사랑을 감정적으로 표현하는 하나의 방법은 세워 주는 말을 하는 것이다. 솔로몬은 "죽고 사는 것이 혀의 힘에 달렸다"(잠 18:21)고 했다. 많은 부부는 말로 서로 칭찬하는 것의 위력을 알지 못한다. 솔로몬은 또한 "근심이 사람의 마음에 있으면 그것으로 번뇌하게 되나 선한 말은 그것을 즐겁게 하느니라"(잠 12:25)고도 했다.

칭찬하는 말이나 감사의 표현은 사랑을 전달하는 강력한 도구다. 인정하는 말은 단순하면서도 솔직하게 다음과 같이 표현될 수 있다.

"그 옷 당신에게 썩 잘 어울리는군."
"와! 당신 그 옷을 입으니 정말 멋있어요."
"당신이 세상에서 이 요리를 가장 잘하는 사람일 거야. 나 이 요리 참 좋아해."
"오늘 저녁 당신이 설거지 해 준 것 너무 고마워요."
"오늘 밤 아이 보느라 정말 수고했어. 항상 고마워하고 있어."

남편과 아내가 이렇게 칭찬하는 말을 자주 주고받는다면 결혼 생활에 어떠한 감정의 변화가 일어날까?

몇 년 전 사무실의 문을 열어 놓고 앉아 있는데, 한 여성이 "시간 좀 내주실 수 있습니까?"라고 물으며 내 방으로 다가왔다.

"물론입니다. 들어오세요."

그 여성은 "채프먼 박사님, 문제가 있는데요. 남편에게 침실에 페인트 칠 좀 해 달라고 부탁했는데, 9개월이 지나도록 하질 않아요. 별수를 다 써 보았지만 하질 않아요"라고 말했다.

처음 그 이야기를 들으면서, 나는 '아주머니, 잘못 찾아오셨군요. 여기는 페인트 가게가 아닙니다'라고 잠시 속으로 생각했다. 그렇지만 겉으로는 "무슨 일인지 자세히 말씀해 보시지요"라고 말했다.

"지난 토요일에 있었던 일이 좋은 본보기인데요. 날씨가 굉장히 좋았던 것 아시지요? 그런데 남편은 하루 종일 무엇을 했는지 아세요? 그는 자기 컴퓨터 업데이트만 했어요."

"아주머니는 무엇을 하셨나요?"

"남편 방에 들어가서 '댄, 당신 참 이해할 수 없군요. 날씨가 이렇게 좋은데 침실에 페인트칠은 하지 않고 컴퓨터만 손보고 있으니 말이에요'라고 했지요."

"그래서 남편이 침실에 페인트칠을 했습니까?"

"아니요. 아직도 하지 않았어요. 어떻게 해야 될지 정말 모르겠어요."

"한 가지 질문이 있는데, 아주머니는 컴퓨터 쓰는 걸 싫어하십니까?"

"왜 싫어하겠어요? 좋아요. 하지만 나는 침실에 페인트칠하는 것을 원하고 있어요."

"침실에 페인트칠 해 주기를 정말 원한다는 사실을 남편이 알고 있다고 생각하나요?"

"알고 있다고 생각해요. 왜냐하면 9개월간이나 말했거든요."

"한 가지 더 물어볼 것이 있는데요, 남편이 좋은 일을 한 적이 있습니까?"

"어떤 종류를 말씀하시나요?"

"뭐, 쓰레기를 버려 준다거나 차 창문에 붙은 벌레를 떼어 준다거나 자동차에 기름을 넣어 준다거나 공과금을 내준다거나 옷을 옷걸이에 거는 것과 같은 일들이요."

"그러한 일들은 하죠."

"그렇다면 두 가지 제안을 하겠어요. 첫째는 페인트칠을 좀 해 달라는 말을 다시는 하지 마세요. 다시 말하지만 다시는 반복하지 마세요."

"그렇게 해도 도움이 될 것 같지 않은데요."

"자, 보십시오. 침실에 페인트칠하기를 당신이 원한다는 사실을 남편이 안다고 말했지요? 이젠 더 이상 말할 필요가 없어요. 그는 이미 알고 있어요. 둘째는 이후에 남편이 좋은 일을 하면 많이 칭찬해 주세요. 그가 쓰레기를 버려 줄 때 '여보, 이렇게 도와줘서 정말 고마워요'라고 말해야지, 절대로 '쓰레기를 버리는 데 이렇게 꾸물거리니 날아다니는 파리가 당신 대신 치우겠어요'라고 하지 마세요. 남편이 공과금을 내주려 할 때 그의 어깨에 손을 살며시 얹고 '여보, 이렇게 공과금 내는 것까지 챙겨 주니 고마워요. 다른 남편들은 이런 일 안 한다는데, 정말 고마워요'라고 말하세요. 그가 무슨 좋은 일을 할 때마다 말로 칭찬해 주세요."

"그렇게 한다고 남편이 페인트칠을 해 줄 것 같지 않은데요."

"당신은 내 조언을 구하러 오셨죠? 그렇게 하십시오. 그리고 두고 보십시오."

그 여성은 미심쩍어 하면서 내 사무실을 떠났다. 그러나 3주 후, 그녀는 내 사무실에 다시 나타나 "그 방법이 통했어요"라고 전해 주었다. 말로 칭찬하는 것이 잔소리하는 것보다 훨씬 낫다는 것을 그녀는 깨달았다.

당신이 원하는 것을 시키기 위해 배우자에게 겉치레 말을 하라는 것은 아니다. 사랑은 당신이 원하는 것을 얻는 것이 아니라, 사랑하는 사람의 행복을 위해 무언가를 하는 것이다. 사실 우리는 칭찬을 들을 때 그 말에 보답하고 싶어 배우자가 원하는 것을 한다.

격려하는 말

말로 칭찬하는 것은 당신이 배우자를 인정함을 표현하는 한 가지 방법이다. 그와 비슷한 것으로는 격려하는 말이 있다. '격려하다'는 '용기를 불러일으키다'라는 의미다. 우리 모두는 불안하게 느끼는 부분이 있다. 용기가 없으면 자기가 하고 싶은 일을 성취하기 힘들다. 배우자가 불안해하는 부분의 잠재력은 당신의 격려의 말을 기다리고 있다.

앨리슨은 언제나 글쓰기를 좋아했다. 대학 생활 마지막 학기에 그녀는 저널리즘 분야의 몇 과목을 수강했다. 글 쓰는 것에 대한 관심이 전공인 역사에 대한 흥미를 능가함을 그녀는 그때야 깨닫게 되었다. 그러나 전공을 바꾸기에는 너무 늦은 때였다.

대학을 졸업한 후 첫아기를 낳기 전에 그녀는 몇 편의 글을 썼다. 그중 하나를 잡지사에 투고했는데 거절당하자 더 이상 제출할 용기를 갖지 못했다. 아이들이 커 가면서 좀 더 시간의 여유가 생기자 그녀는 다시 글을 쓰기 시작했다.

앨리슨의 남편인 키이스는 결혼 초기에 그녀가 글을 쓰는 것에 별 관심이 없었다. 그는 자신의 일로 바빴으며 승진에 대한 중압감에 사로잡혀 있었다. 그러나 얼마 지나지 않아 키이스는 삶의 진정한 의미는 일을 성취하는 데 있는 것이 아니라 관계 속에 있다는 것을 깨달았다. 그는 앨리슨과 그의 흥미에 더 관심을 갖기 시작했다. 그러다가 어느 날 밤, 우연히 그는 앨리슨이 쓴 글을 꺼내 읽어 보았다. 그녀의 글을 읽은 후, 앨리슨이 책을 읽고 있는 서재로 들어갔다. 그는 굉장히 흥분하면서 "앨리슨, 독서를 방해하고 싶진 않지만 이 말을 꼭 해야겠어. '휴일을 멋지게 보내기 위해서'라는 당신의 글을 방금 읽었는데, 당신 정말 훌륭한 작가야. 이 글은 꼭 출판되어야 한다고! 정말 멋진 글이야. 당신이 쓴 글은 눈으로 볼 수 있는 그림 같아. 문체도 정말 수려해. 잡지사에 이걸 꼭 제출해야겠어."

"당신, 정말 그렇게 생각해요?" 앨리슨은 재빠르게 물었다.

"그렇고말고. 정말 훌륭한 글이야"라고 키이스는 대답했다.

키이스가 나가자 앨리슨은 독서를 계속할 수 없었다. 읽던 책을 무릎에 내려놓고 키이스가 한 말을 30여 분 동안 생각해 보았다. 다른 사람들도 키이스와 같은 반응을 할 것인가를 생각해 보았다. 몇 년 전에 거절당한 기억이 났다. 하지만 지금 그녀는 아주 달라져 있었다. 더 많은 경험을 쌓았다. 물을 마시려고 일어나면서 그녀는 결심을 했다. 글을 잡지사에 보내 보기로 했다.

키이스는 오래전에 이러한 격려의 말을 했었다. 그 이후로 앨리슨의 많은 글이 잡지에 실렸고 출판 계약도 했다. 그녀는 지금 훌륭한 작가다. 하지만 한 편의 글이 잡지에 실리기까지 어려운 도전을 하도록 그녀의 남편이 격려해 주었기 때문에 이 모든 일이 가능했다.

당신의 배우자에게는 아직 계발되지 않고 잠자고 있는 잠재력이 있을 것이다. 그 잠재력은 당신이 격려해 주기를 기다리고 있다. 아마 어떤 배우자는 잠재력을 계발시키기 위해 강좌에 등록하여 배울 필요도 있다. 어떤 배우자는 다음 단계의 도약을 위해 그 분야에서 성공한 사람을 만나야 할 수도 있다. 당신의 말은 배우자에게 이런 일에 첫발을 내딛게 하는 용기를 줄 수 있다.

당신의 배우자에게 당신이 원하는 것을 하도록 압력을 가하라는 말은 아니다. 당신의 배우자가 이미 갖고 있는 관심을 계발하도록 격려하라는 것이다.

예를 들면 아내가 남편에게 보수가 더 많은 직장을 찾으라고 압력을 가할 수 있다. 이것은 남편에게 자신을 정죄하는 것으로 들릴 수 있다. 그러나 실제로 남편이 더 나은 지위를 바라거나 추구하고 있었다면, 아내의 말은 결심을 굳게 하는 것이 된다. 남편이 그 소원을 갖기 전까지 아내의 말은 판단하고 죄책감을 주는 것으로 들릴 것이다. 사랑이 아니라 거부의 표현인 것이다.

하지만 남편이 "여보, 나 부업으로 집수리 일을 해 볼까 하고 생각 중이야"라고 했다면, 아내는 격려의 말을 할 기회를 얻은 것이다. 이런 식으로 격려하면 된다. "당신이 그렇다면 난 이렇게 말할 수 있어요. 당신은 성공할 거예요. 그건 당신이 잘하는 것들 중 하나예요. 당신 마음이 결정되면 하세요. 그게 당신이 원하는 거라면 난 최선을 다해 도울게요."

이런 말을 하면 남편은 용기를 얻어 그 일을 시작하게 될 것이다. 격려하기 위해서는 배우자가 공감하는 것과 배우자의 관점에서 세상을 보는 것이 필요하다. 먼저 배우자에게 무엇이 중요한지를 알아야 한다. 그때 비로소 용기를 북돋아 줄 수 있다. 말로 격려한다는 것은 "내가 알아. 내가 당신과 함께 있잖아. 어떻게 도와줄까?"라고 마음을 전하는 것이다. 배우자의 인격과 능력을 신뢰함을 보여 주는 것이다. 믿고 칭찬하는 것이다.

대부분의 우리는 지금까지 계발한 것보다 더 많은 잠재력을 가지고 있다. 용기가 부족한 것이 그것의 계발을 막고 있다. 사랑하는 배우자는 가장 중요한 촉매를 제공할 수 있다. 물론 격려의 말을 하는 것이 당신에게 힘들 수도 있다. 그것이 당신의 제1의 사랑의 언어가 아닐 수도 있다. 이 제2의 언어를 배우기 위해 많은 노력이 들 수도 있다. 특히 비판적 말투를 가진 사람이라면 정말 어려울 것이다. 그러나 나는 노력할 만한 가치가 있다고 확신한다.

온유한 말

사랑은 온유하다. 사랑을 말로 전달하기 위해서는 온유한 말을 써야 한다. 이것은 말하는 방법에 관한 것이다. 똑같은 문장이지만 말투에 따라 전혀 다른 두 가지 의미를 지닐 수 있다. "당신을 사랑해요"라고 아주 친절하고 부드럽게 말하면 그것은 진정한 사랑의 표현이 될 것이다. 그러나 "당신을 사랑해요?"라고 의문 부호를 붙이면 전혀 다른 의미로 들린다. 때로는 말로 표현된 것과 말투로 표현된 것이 전혀 다를 수 있다. 두 가지 의미를 전달하는 것이다. 이 경우 우리의 배우자는 우리가 사용하는 말보다는 그 어투로 메시지를 해석한다.

"오늘 설거지를 해 주면 좋겠어요"라고 딱딱거리는 투로 말했다면 그것은 결코 사랑의 표현으로 받아들여질 수 없다. 반면에 상처받고 고통스럽고 분노를 느끼는 상황이라도 온유하게 표현할 수 있다. 그것이 곧 사랑의 표현이다. "오늘 저녁 당신이 나를 도와주지 않아 실망스럽고 기분이 안 좋아요"라고 솔직하고 부드럽게 말했다면 그것은 사랑의 표현이 될 것이다. 말하는 사람은 배우자가 알아주기 원한다. 아내는 자신의 감정을 나눔으로써 남편과 친밀해지려는 것이다. 그녀는 상처받은 마음을 치료받기 위해 의논할 기회를 구하는 것이다. 같은 말이라도 크고 거칠게 표현하면 그것은 사랑의 표현이 아니라 비난하고 정죄하는 표현이 된다.

우리의 말투는 굉장히 중요하다. 솔로몬은 "유순한 대답은 분노를 쉬게 한다"(잠 15:1)고 했다. 배우자가 몹시 화가 나서 말을 함부로 할 때라도 그를 사랑하기 원한다면 화를 부추길 것이 아니라 부드러운 말을 해야 할 것이다.

당신은 그의 표현이 감정 상태를 나타낸다는 것을 알아야 한다. 그러므로 그가 자신의 상처와 분노, 상황에 대한 생각을 표현하도록 해 주어야 한다. 그의 입장이 되어 그의 관점에서 사건을 살펴본 다음 그가 왜 그렇게 이해하는지에 대한 당신의 생각을 아주 부드럽고 친절하게 표현하라. 만일 당신이 잘못했다면 기꺼이 잘못을 고백하고 용서를 구하라. 그렇지 않고 배우자가 당신의 동기를 전혀 다르게 이해한다면 온유하게 그 동기를 설명하라.

당신이 원하는 것은 이해와 화해이지, 벌어진 일에 대한 당신의 해석이 절대로 옳음을 증명하는 것이 아니다. 이것이 바로 성숙한 사랑이다. 발전하는 결혼 생활을 위해 우리가 추구하는 사랑이다.

사랑은 실수를 기억해 쌓아 두지 않는다. 사랑은 과거의 실수를 끄집어내지 않는다. 세상에 완전한 사람은 하나도 없다. 결혼 생활을 하다 보면 항상 좋고 바른 일만 하는 것이 아니다. 배우자에게 상처를 주는 말이나 행동을 할 수도 있다. 과거를 지울 수는 없다. 단지 그것을 고백하고 잘못했다고 시인할 수 있을 뿐이다. 용서를 구하고 앞으로 잘하도록 노력해야 될 것이다. 내 실수를 고백하고 용서를 구하는 것 외에 배우자의 상한 마음을 누그러뜨릴 수 있는 더 좋은 길은 없다.

배우자가 잘못한 것을 아주 고통스러워하며 고백하고 용서를 구하면, 형벌을 내릴 것인지 아니면 용서해 줄 것인지 선택해야 한다. 내가 잘못을 심판하여 잘못에 대한 대가를 치르게 한다면, 나 자신은 재판관이 되며 배우자는 죄인이 된다. 부부간의 친밀함은 불가능해진다. 그러나 용서를 선택하면 부부 사이의 친밀함이 다시 회복될 수 있다. 용서가 사랑의 방법이다.

수많은 사람이 지나간 과거 때문에 오늘의 새로운 날을 망치고 있다는 사실이 안타깝다. 그들은 어제의 실수를 오늘로 끌어들인다. 그래서 즐거울 수 있는 오늘을 엉망으로 만든다. "당신이 그런 일을 했다는 것을 정말 믿을 수 없어. 결코 그것을 잊을 수 없을 거야. 얼마나 내 마음을 상하게 했는지 당신은 모를 거야. 그래 놓고 뻔뻔스럽게 가만있을 수 있어? 두 무릎을 꿇고 내게 용서를 구해야 돼. 그래도 용서할 수 있을지 난 모르겠어." 이러한 말들은 사랑의 말이 아니라 잔인하고 적의에 차고 원한을 품은 말이다.

과거의 실수를 처리하는 가장 좋은 방법은 과거는 과거로 끝내는 것이다. 그 일은 분명히 일어났었다. 상처를 준 것도 사실이다. 지금도 상처로 남아 있을 수 있다. 하지만 배우자는 자신의 실수를 시인하고 용서를 구했다. 과거를 지울 수는 없지만 그것을 과거지사로 받아들일 수는 있다. 과거의 실수로부터 자유로워져 오늘을 살아가기를 택할 수 있다.

용서는 감정으로 하는 것이 아니라 의지적으로 결단하는 것이다. 그것은 자비를 베풀겠다는 선택이지 죄인에게서 죄를 들추어내는 것이 아니다. 용서는 사랑의 표현이다.

"당신을 사랑해요. 당신을 배려해요. 당신을 용서할게요. 나의 상한 마음이 완전히 가시진 않았지만 과거의 일이 우리 사이를 갈라놓게 하지 않을 거예요. 이번 일에서 우리 둘 다 배우기를 원해요. 당신은 실수했지만 실패자는 아니에요. 당신은 내 배우자이잖아요. 이제부터 우리 잘해 봅시다."

이러한 말은 약간 다르게 표현되었긴 하나 인정하는 말이다.

겸손한 말

사랑은 명령하지 않고 부탁한다. 내가 배우자에게 명령할 때, 나는 부모가 되고 배우자는 아이가 된다. 세 살짜리 아이에게는 부모가 해야 할 일을, 아니 꼭 해야만 하는 일을 말해 준다. 세 살짜리 아이는 세파를 어떻게 헤쳐 나가는지 모르기 때문에 그와 같은 것이 필요하다.

그렇지만 결혼 생활에서 부부는 똑같은 위치에 있는 장성한 동반자다. 물론 완전한 사람은 아니지만 성인이며 동반자다. 친밀한 관계를 발전시키려면 서로 바라는 것을 알 필요가 있다. 서로 사랑하고 싶으면 상대방의 필요가 무엇인지 알아야 한다. 그러나 바라는 것을 표현하는 방법이 매우 중요하다. 그것이 명령으로 제시되면 친밀해질 가능성은 사라지고 상대방을 몰아가게 된다. 하지만 부탁하는 표현을 사용하면 최후통첩을 던지는 것이 아니라 방향을 제시하는 것이 된다. 남편이 "당신, 언제 파스타 한번 만들어 주겠어?"라고 말한다면, 남편을 사랑하고 더 친밀해질 수 있는 방법을 알려 주는 셈이다. 반면에 "요즘 우리는 통 맛있는 것을 못 먹는군." 하고 명령한다면, 어른이기를 포기하고 사춘기 소년으로 되돌아간 것과 같다. 이렇게 요구하면 아내는 "그럼 당신이 만들어 먹어요"라고 맞붙을 가능성이 크다.

아내가 "여보, 이번 주에 하수구 청소를 좀 해 줄 수 있을 것 같아요?"라고 말한다면 부탁함으로써 자기의 사랑을 표현하는 것이다. 그러나 "당신이 하수구를 빨리 청소하지 않으면 하수구 때문에 집이 다 망가질 거야. 하수구에서 벌써 잡초들이 삐져 나오고 있잖아요"라고 말하면 사랑하기를 포기하고 지배하는 아내가 되는 것이다.

부탁한다는 것은 배우자의 소중함과 능력을 인정하는 것이다. 그것은 배우자가 당신에게 의미 있고 가치 있는 무엇인가를 가지고 있거나 할 수 있음을 나타내는 것이다. 그런데 명령한다면 사랑하는 사람이 아니라 폭군이 되는 것이다. 배우자는 인정받는 것이 아니라 무시당한다고 느낄 것이다.

부탁은 선택할 여지를 준다. 사랑은 언제나 선택하는 것이기에 상대방은 요구에 응할 수도, 거부할 수도 있다. 그러기에 그것이 의미가 있다. 나의 부탁을 들어줄 정도로 사랑한다는 것은, 나를 배려하고 존중하고 존경하여 기쁘게 할 일을 하려 한다는 것을 감정적으로 전해 준다. 그러나 명령으로는 사랑의 감정을 얻을 수 없다. 배우자가 명령에 응할 수도 있지만 그것이 곧 사랑의 표현은 아니다. 사랑이 아닌 공포나 죄책감 등의 감정에서 나온 행위일 수 있기 때문이다. 그러므로 부탁은 사랑을 표현할 수 있는 가능성을 만들어 내지만, 반면에 명령은 그 가능성을 없애 버리게 된다.

인정하는 다른 방법들

인정하는 말은 5가지 사랑의 언어 가운데 하나다. 그 언어 안에는 여러 가지 다른 방법이 있다. 앞에서 조금 언급되었지만 그보다 훨씬 더 많다. 여기에 관해서는 수많은 책과 글이 있는데, 공통점은 배우자를 인정하는 말을 사용한다는 것이다. 심리학자인 윌리엄 제임스는 인간에게 가장 깊은 욕구는 인정받고 싶은 욕구라고 했다. 인정하는 말은 개인의 그러한 욕구를 충족시킨다. 그것이 비록 당신의 제1의 사랑의 언어가 아니더라도 배우자의 제1의 사랑의 언어가 그것이라면 '인정하는 말'이라는 노트를 쓸 것을 제안한다.

사랑에 관한 기사나 책을 읽다가 인정하는 말들을 보면 기록하라. 사랑에 관한 강의를 들을 때든지, 친구로부터 사랑에 대한 긍정적인 이야기를 들을 때도 그것을 기록하라. 시간이 흐르면 배우자에게 사랑을 표현할 때 사용할 수 있는 아주 좋은 말들을 가지게 될 것이다.

간접적으로, 즉 당사자가 없는 데서 인정하는 말을 하고 싶을 때도 있을 것이다. 그러면 결국 배우자는 그 이야기를 듣게 되고 당신의 사랑을 확신하게 된다. 장모님에게 아내가 얼마나 좋은 사람인지 이야기해 보라. 장모님은 확대하여 그 이야기를 아내에게 할 것이고 당신은 더 큰 신뢰를 얻게 될 것이다.

또 배우자가 있는 데서 다른 사람들에게 배우자를 칭찬하라. 대중에게 칭찬받을 때, 그 영광을 아내와 나누라. 인정하는 말을 글로 써 보는 것도 좋다. 글은 두고두고 다시 읽게 되는 장점이 있다.

나는 아칸소주 리틀록에서 사랑의 언어인 인정하는 말에 관해 좋은 교훈을 얻은 적이 있다. 아주 화창한 봄날에, 나는 빌과 베티 조의 집을 방문했다. 그들은 꽃이 만발하고 파란 잔디가 깔린, 하얀 울타리의 주택 단지에 살고 있었다. 목가풍의 매우 아름다운 집이었다.

일단 집 안으로 들어가니 밖의 분위기와는 영 딴판이었다. 그들의 결혼 생활이 삐그덕거림을 느낄 수 있었다. 그들은 12년 전에 결혼해 두 아이를 두고 있었는데, 왜 결혼을 했는지 후회하고 있었다. 그들은 서로 일치하는 것이 하나도 없었다. 단지 같은 것이라고는 둘 다 아이들을 사랑하는 것이었다.

이야기를 들으면서 나는 빌이 베티 조와 시간을 거의 보내지 못할 정도로 자기 일에 중독된 사람이라는 것을 알았다. 베티 조는 집을 나가기 위해 파트타임 일을 하고 있었다. 그들은 서로 만나지 않는 것으로 문제를 다루고 있었다. 일정한 거리를 둠으로써 갈등이 크지 않은 것처럼 하고 있었다. 그러나 그들의 사랑 탱크는 '연료 없음'을 표시하고 있었다.

그들은 상담도 받아 보았지만 별 효과가 없었다고 말했다. 그들은 내 결혼 생활 세미나에 참석하고 있었으며, 나는 다음 날 그 도시를 떠날 예정이었다. 내가 빌과 베티 조를 만날 수 있는 것이 이번뿐이었다. 그래서 당장 결판을 내기로 했다.

나는 그 부부를 한 시간씩 따로 상담을 했다. 나는 그들의 관계가 소원했고 의견 일치가 거의 되지 않았음에도 불구하고 어떤 면에서는 서로 칭찬하고 있다는 것을 발견했다. 빌은 "아내는 좋은 엄마이고 요리도 무척 잘하는 훌륭한 가정 주부이지요. 하지만 그녀는 내가 일을 그렇게 열심히 하는데도 고마워하지 않아요"라고 불만을 털어놓았다. 베티 조는 빌이 가족 부양을 잘한다고 말하면서도, "하지만"이라고 단서를 붙였다. "집안일을 하나도 도와주지 않고 나를 위해 전혀 시간을 내주질 않아요. 함께 즐길 수 없다면 집이나 좋은 자동차가 무슨 소용이 있겠어요?"라고 불평을 털어놓았다.

이러한 정보를 바탕으로 나는 부부 각각에게 한 가지씩 제안을 하기로 결심했다. 나는 결혼 생활을 변화시킬 수 있는 열쇠는 각자에게 있다고 한 사람씩 만나 이야기했다. "그 열쇠는 불만 사항을 잠깐 보류해 두고 상대방의 좋은 점을 말로 표현하는 것입니다." 우리는 그들이 각자 서로에 대해 말했던 좋은 점들을 다시 살피면서 서로의 장점 목록을 글로 쓰도록 했다.

빌의 목록에는 아내가 훌륭한 엄마요, 가정 주부요, 요리사라고 기록되어 있었다. 베티 조는 남편이 열심히 일해 가정 경제를 책임지고 있다고 기록했다. 가능한 한 구체적으로 기록하도록 했다. 베티 조는 다음과 같이 기록했다.

- 그는 12년 동안 하루도 거르지 않고 일했다.
- 그는 자기 일에 적극적이다.
- 그는 직장에서 몇 년 사이에 여러 번 승진했다.
- 그는 언제나 일을 더 잘하기 위해 노력한다.
- 그는 매달 집세를 낸다.
- 그는 돈 관리를 잘한다.
- 그는 봄과 여름에는 잔디를 손수 깎든지 사람을 불러 시킨다.
- 그는 한 달에 한 번 정도 쓰레기를 치운다.
- 그는 내가 부업으로 번 돈은 마음대로 쓸 수 있도록 한다.

빌의 목록은 다음과 같았다.

- 그녀는 매일 침대를 가지런히 정리한다.
- 그녀는 집을 깨끗하고 깔끔하게 관리한다.
- 그녀는 매일 아침 아이들에게 아침을 잘 먹여 학교에 보낸다.
- 그녀는 일주일에 세 번 정도는 저녁 요리를 한다.
- 그녀는 시장을 보고 아이들의 숙제를 잘 도와준다.
- 그녀는 아이들을 학교까지 태워다 주고 교회 행사 때도 차로 데려다준다.
- 그녀는 교회 주일학교에서 1학년을 가르친다.
- 그녀는 세탁소에 내 옷을 맡겨 준다.

나는 그들에게 앞으로 몇 주간 서로를 더 관찰하여 그 목록에 첨가하라고 했다. 그리고 일주일에 두 번씩 상대방의 장점을 찾아 말로 칭찬하도록 했다. 한 가지를 더 주문했는데, 베티 조에게 만일 빌이 자기를 칭찬해 주면 그때 바로 그를 칭찬하지 말고 단지 그의 칭찬을 받아들이면서 "그렇게 칭찬해 주니 고마워요"라고 말하라고 했다.

빌에게도 역시 똑같이 말했다. 나는 두 달 동안 매주 지속하도록 권하면서 이 일이 도움이 된다면 더 계속하라고 했다. 만일 이 방법이 별 도움이 되지 못하면 그들은 또 하나의 시도가 실패한 것으로 치부하라고 했다.

다음 날 나는 비행기를 타고 집으로 돌아왔다. 나는 두 달 후에 그들에게 무슨 일이 일어났는지 알아보기 위해 전화를 걸도록 메모해 두었다. 한여름에 그들에게 전화를 걸어 대답을 들었다. 빌의 태도가 놀랍게 변화되어 있었다. 그는 내가 자기에게 했던 조언을 베티 조에게도 했을 것이라고 생각은 했지만 그것은 별 문제가 되지 않았다. 그는 아내에게 그렇게 하는 것을 좋아했다. 아내도 남편이 열심히 일해서 가족을 부양하는 것을 고맙다고 말로 표현했다. "아내는 내가 가장임을 다시 느끼게 했습니다. 채프먼 박사님, 이제 방법을 알았습니다. 하지만 계속 노력해야 한다는 걸 압니다."

그러나 베티 조와 이야기했을 때 그녀의 태도에 조금의 변화만 있음을 알았다. "박사님, 우리 관계는 조금 나아진 것 같아요. 제시하신 대로 그는 말로 칭찬을 하더군요. 그는 진실한 것 같아요. 하지만 그는 여전히 나와 시간을 함께 보내지 않아요. 우리가 함께 시간을 보낼 수 없을 정도로 그는 여전히 바쁘거든요."

베티 조의 말을 들으면서 아이디어가 섬광처럼 스쳤다. 중대한 발견이었다. 한 사람의 사랑의 언어가 반드시 상대방의 사랑의 언어는 아니라는 것이다. 빌의 제1의 사랑의 언어는 인정하는 말임이 분명했다. 그는 열심히 일하고 또한 자신의 일을 즐기는 사람이었다. 그가 아내로부터 원하는 것은 자신이 하는 일을 칭찬해 주는 것이었다. 그런 패턴은 어린 시절에 형성되었기에 그가 성인이 되었는데도 상당히 중요했다.

그와는 반대로 베티 조는 다른 무엇을 갈망했다. 그것은 다음 장에서 다룰 내용으로 바로 '함께하는 시간'이다.

생각하기

배우자와 함께 어떤 말이 자신의 인생에
깊은 영향(긍정적이든 부정적이든)을 미쳤는지
서로 이야기해 보자.

Tip!

배우자의 사랑의 언어가 인정하는 말일 경우,

① 다음 글을 카드에 써서 거울이나 매일 잘 볼 수 있는 곳에 붙여 놓고 배우자의 사랑의 언어가 '인정하는 말'임을 명심한다.

"말이 중요하다."
"말이 중요하다."
"말이 중요하다."

② 한 주 동안 당신이 배우자에게 하는 인정하는 말을 매일 빠짐없이 기록해 본다.

월요일	화요일
당신이 만든 음식이 최고야!	
그 옷 입으니 당신 정말 멋져!	
내 옷 세탁해 주어 고마워요^^	

이렇게 기록하다 보면 당신이 인정하는 말을 얼마나 잘 혹은 잘 못하는지 발견하고 깜짝 놀랄 것이다.

③ 한 달 동안 매일 새로운 칭찬 한 가지를 하기로 목표를 세운다. "하루에 사과를 한 개씩 먹으면 의사가 필요 없다"라는 말처럼 하루에 칭찬을 한마디씩 들으면 상담받을 일이 없어진다. 칭찬을 하면서 기록하면 같은 칭찬이 중복되는 것을 막을 수 있을 것이다.

❹ TV를 보거나, 책을 읽거나, 다른 사람들의 대화를 듣다가 칭찬하는 말을 살펴본다. 그 말들을 기록한 다음 정기적으로 읽으면서 배우자에게 사용할 것을 찾아본다. 사용했을 때는 그 날짜를 적어 둔다. 그 노트는 사랑의 책이 될 것이다. 명심하라. 말이 중요하다.

❺ 배우자에게 사랑의 편지, 사랑의 쪽지, 사랑의 문장을 쓴 다음 조용히 혹은 팡파르를 울리면서 전달한다. 언젠가 그 편지들이 특별한 곳에 간직되어 있을 것이다.

❻ 배우자의 부모나 친구들 앞에서 그를 칭찬한다. 배우자의 사랑을 받는 것은 물론 부모님도 좋은 사위/며느리를 얻었다고 기뻐하는 갑절의 소득이 있을 것이다.

❼ 배우자의 장점을 찾아 그 장점을 얼마나 감시히는지 말해 준다. 아마 그 칭찬에 맞추어 살게 될 것이다.

❽ 자녀들에게 그들의 엄마나 아빠가 얼마나 좋은 사람인지 말해 준다. 당사자가 있을 때든지 없을 때든지 그렇게 한다.

2

함께하는 시간

Quality
Time

우선 베티 조의 제1의 사랑의 언어에 대해 언급하고자 한다. 그 봄날, 리틀록에 있는 빌과 베티 조의 집을 방문했을 때 그녀가 내게 한 말은 이런 것이었다.

"빌은 우리 가족을 잘 부양해요. 하지만 나와 함께하는 시간이 전혀 없어요. 우리가 함께 시간을 보낼 수 없다면 좋은 집이나 자동차가 무슨 소용이 있겠어요?"

그녀가 바라는 것은 무엇인가? 바로 빌과 함께하는 시간을 갖는 것이었다. 남편의 관심을 원했다. 자기에게 집중하고, 함께하는 시간을 가지며, 함께 무언가를 하는 것을 원했다. '함께하는 시간'이란 상대방에게 온전히 관심을 집중시키는 것을 의미한다. 그저 함께 소파에 앉아 TV를 보는 것이 아니다. 그런 식으로 시간을 보내는 것은 TV 방송에 집중하는 것이지 배우자에게 집중하는 것이 아니다. 내 말은 TV를 끄고 소파에서 마주 보고 대화하면서 서로에게 관심을 집중시키라는 것이다. 둘만이 오붓하게 대화하며 산책을 한다든지, 외식을 하라는 것이다.

식당에서 식사하는 모습을 보면, 데이트하는 커플과 결혼한 부부를 쉽게 구별할 수 있다. 데이트하는 커플은 서로 마주 바라보면서 대화한다. 하지만 결혼한 부부는 같이 앉아 있긴 하지만 눈은 식당을 두리번거린다. 그들은 오로지 먹기 위해 식당에 온 것 같다.

내가 아내와 함께 앉아 20분 동안 한눈팔지 않고 그녀에게 관심을 집중시키고 아내도 나에게 그렇게 했다면, 우리는 우리 인생의 20분을 서로에게 바친 것이다. 그렇게 주고받은 20분의 소중한 시간은 다시 오지 않을 순간이다. 우리는 서로에게 삶을 주었다. 그것은 사랑의 감정을 강력하게 전달하는 수단이다.

한 가지 약으로 모든 질병을 고칠 수는 없다. 나는 빌과 베티 조를 상담하면서 한 가지 큰 실수를 했다. 인정하는 말이 빌에게뿐만 아니라 베티 조에게도 중요하리라 생각한 것이다. 부부가 서로 인정하는 말을 주고받으면 사랑의 감정이 생겨 사랑이 회복될 것이라고 기대했다. 빌에게는 그것이 통했다. 그는 아내에게 좀 더 긍정적 감정을 갖기 시작했다. 열심히 일하는 것을 칭찬해 주니 참 좋았다. 하지만 베티 조에게는 별 효과가 없었다. 왜냐하면 인정하는 말이 그녀의 제1의 사랑의 언어가 아니었기 때문이다. 그녀의 사랑의 언어는 '함께하는 시간'이었다.

나는 빌에게 전화를 걸어 두 달 동안 열심히 노력해 주어 고맙다고 했다. 그녀가 들을 수 있도록 칭찬을 많이 한 것은 참 잘한 일이라고 격려했다. 그는 "박사님, 하지만 그녀는 여전히 행복한 것 같지 않아요. 별로 나아진 것이 없어요"라고 말했다.

"당신 말이 맞아요. 문제는 내가 당신에게 잘못된 사랑의 언어를 알려 주었기 때문이에요." 빌은 내 말을 전혀 이해하지 못했다. 나는 한 사람에게 사랑의 감정을 느끼게 하는 것이 다른 사람에게도 똑같은 느낌을 주지는 않는다고 설명했다.

그는 자신의 사랑의 언어는 인정하는 말이란 사실을 인정했다. 아내가 그를 칭찬해 줄 때 마치 아이처럼 무척 좋았다고 내게 말했다. 베티조의 사랑의 언어는 인정하는 말이 아니라 함께하는 시간이라고 그에게 말했다. 아내에게 전적으로 관심을 집중시킨다는 것은 신문을 읽거나 TV를 보면서 의미 없는 대화를 주고받는 것이 아니라, 그녀의 눈을 바라보면서 그녀가 지금 즐기는 것을 나도 온 마음을 다해 즐거워하는 것임을 알려 주었다. "그녀와 연주회에 함께 갈 때처럼 말입니까?" 그는 조용히 말했다. 나는 그 가정에 서광이 비치는 것을 느꼈다.

"박사님, 그녀가 늘 불평했던 것이 바로 그것입니다. 내가 그녀와 함께하는 것이 없거든요. 그녀와 함께하는 시간도 없어요. 결혼 전에는 함께 놀러도 잘 가더니 이젠 늘 바쁘냐고 내게 말하죠. '함께하는 시간'이 그녀의 사랑의 언어임은 의심할 여지가 없습니다. 그렇다면 내가 어떻게 해야 하죠? 나는 늘 바쁘거든요."

"그 점에 대해 좀 말해 보시지요."

그는 그 후 10분 동안 자신이 직장에서 승진하기 위해 얼마나 많은 노력을 했으며, 승진한 것은 그 스스로도 참 대견했었다는 이야기를 내게 털어놓았다. 또 앞으로의 꿈을 이야기하면서 5년 안에 그 꿈을 이룰 수 있을 것이라고 덧붙였다.

"그러면 그 꿈이 이루어졌을 때 당신은 혼자 있기를 원합니까, 아니면 아내와 아이들과 함께 있기를 원합니까?"

"박사님, 그야 당연히 그녀와 함께 있어야지요. 그 모든 것을 그녀와 함께 즐겨야 해요. 그래서 내가 늘 직장에만 매달린다고 그녀가 비난할 때 마음이 상하는 겁니다. 난 우리 모두를 위해 노력하는 것입니다. 그녀도 협력해 주기를 원했지만 늘 부정적이었어요."

"빌, 그녀가 부정적인 이유를 알고 싶으세요? 그녀의 사랑의 언어는 '함께하는 시간'이거든요. 당신은 그녀의 사랑 탱크가 텅 빌 정도로 함께하는 시간을 갖지 못했어요. 그래서 당신의 사랑의 언어에 불안을 느낀 것입니다. 그녀는 직장이 당신의 시간을 빼앗고 있다고 생각한 것이지요. 사실 그녀가 당신이 하는 일을 싫어하는 것은 아니에요. 당신의 사랑을 느낄 수 없다는 사실을 증오할 따름입니다. 해결책은 하나뿐입니다. 베티 조를 위해 시간을 내야 합니다. 그녀에게 맞는 사랑의 언어로 사랑을 표현해야 합니다."

"박사님, 지당한 말씀입니다. 어디서부터 시작해야 될까요?"

"지금 수첩 갖고 있나요? 지난번에 베티 조에 관해 긍정적인 것을 기록해 두었던 것 말이에요."

"바로 여기 있습니다."

"좋습니다. 또 다른 목록을 만들어 봅시다. 그녀가 당신과 함께하기를 원하는 것들이 무엇인가요? 지난 몇 년 동안 그녀가 얘기했던 것들 말이에요."

빌은 다음과 같은 목록을 만들었다.

- 주말에 산행을 한다.
  (아이들과 함께 가기도 하지만 때로는 둘만 오붓하게 감.)
- 점심을 같이한다.
  (우아한 분위기의 식당도 좋지만 맥도날드도 괜찮음.)
- 아이들을 맡기고 둘만 외식하러 나간다.
- 퇴근해서는 함께 앉아 서로 그날 있었던 일을 이야기한다.
  (함께 이야기할 때 TV 보는 것을 그녀는 싫어함.)
- 아이들과 학교에서 있었던 일들을 이야기한다.
- 아이들과 게임을 같이한다.
- 토요일에는 가족이 함께 소풍을 간다.
- 적어도 1년에 한 번은 가족과 함께 휴가를 즐긴다.
- 산책을 하면서 대화를 한다.

"이것이 그녀가 여러 해 동안 내게 말한 것들이에요."

"빌, 내가 무엇을 제시하려는지 알겠어요?"

"그러한 것들을 하라고요?"

"맞습니다. 앞으로 2개월간 매주 한 가지씩 하세요. 시간을 낼 수 있겠지요? 할 수 있을 거예요. 현명하니까요. 베티 조와 함께하는 인생 계획을 설계할 능력이 당신에겐 있지요."

"잘 알았습니다. 할 수 있어요."

"빌, 당신의 목표를 포기하라는 것은 아닙니다. 단지 아내와 자녀들과 함께 당신의 성공을 맞이하라는 것입니다."

"그것이 바로 내가 원하는 것입니다. 내가 성공하든 못하든 그녀를 행복하게 해 주고 싶습니다. 아내와 아이들과 더불어 인생을 멋지게 살고 싶어요."

몇 해가 흘렀다. 빌과 베티 조가 정상에 도달했다. 중요한 것은 함께 해냈다는 것이었다. 아이들은 커서 부모 곁을 떠났지만 그들은 이때가 가장 행복한 때라고 공감한다. 빌은 교향곡을 무척 좋아하게 되었고 베티 조는 빌에게 감사하는 것들을 끊임없이 기록해 나갔다. 그는 자기를 칭찬하는 말을 계속 좋아했다. 지금은 자기 사업을 독자적으로 시작해 번창하고 있다. 그가 하는 일이 이젠 더 이상 베티 조에게 걸림돌이 되지 않는다. 그녀도 몹시 그것을 기뻐하며 그를 격려하고 있다. 그녀는 자신이 세상에서 가장 행복한 아내라고 생각한다. 그녀의 사랑 탱크는 가득 차 있으며 혹시 조금씩 줄어들기 시작하면 빌에게 관심을 좀 부탁하면 된다는 사실을 잘 알고 있다.

완전한 집중

두 사람이 한방에 같이 있다고 반드시 집중이 이루어지는 것은 아니다. '함께하는 시간'을 갖는 핵심은 완전히 집중하는 것이다. 주의를 끄는 것이 많을 때 특별히 그렇다.

어떤 아버지가 거실에 앉아 두 살짜리 아이와 공굴리기를 하고 있을 때, 그의 관심은 공에 있는 것이 아니라 아들에게 있다. 그것이 얼마 동안 지속되느냐는 문제 되지 않으며 비록 아주 짧은 순간이라도 그들은 함께하고 있다. 그러나 아버지가 전화 통화를 하면서 공을 굴리고 있다면 그의 관심은 분산된 것이다.

어떤 부부는 함께하는 시간을 가진다고 생각하나 사실은 가까이 살 뿐이다. 그들은 같은 시간에 같은 집에 있긴 하나 함께하고 있지 않다. 남편이 이야기하는 동안 문자 메시지를 보내고 있는 아내는 함께 시간을 보내는 것이 아니다. 완전한 관심을 주지 않기 때문이다.

함께하는 시간이란 서로가 눈을 마주 바라보면서 시간을 보내야 한다는 것도 아니다. 상대방에게 온 관심을 집중시키면서 같이 무엇인가를 하는 것을 말한다. 사실 둘이 함께하는 활동이 중요한 게 아니다. 중요한 것은 서로가 감정적으로 관심을 집중시키면서 시간을 보내는 것이다. 활동은 함께한다는 느낌을 불러일으키는 도구에 불과하다. 아버지가 두 살짜리 아이와 공굴리기를 할 때 중요한 것은 놀이가 아니라 아버지와 아이 사이에 전달되는 감정이다.

이와 같이 남편과 아내가 테니스를 칠 때도 중요한 것은 게임이 아니라 둘이서 함께 시간을 보내고 있다는 사실이다. 감정 차원에서 이루어지는 일이 중요하다. 공동의 목적을 위해 함께 시간을 보내는 것은 서로 배려하고, 서로 함께 있는 것을 즐기고, 함께 무엇인가를 하는 것을 좋아한다는 사실을 전달해 준다.

진정한 대화

'인정하는 말'과 같이 '함께하는 시간'이라는 사랑의 언어에도 여러 가지 변형이 있다. 그중 가장 흔한 것이 진정한 대화다. 진정한 대화는 두 사람이 그들의 경험이나 생각이나 감정이나 바람을 우호적이고 방해받지 않는 분위기에서 주고받는 공감적 대화를 의미한다.

배우자가 대화를 하지 않는다고 불평하는 사람들은 대부분 상대방이 문자 그대로 전혀 말을 하지 않는다는 것이 아니다. 공감적 대화를 하지 않는다는 말이다.

만일 배우자의 제1의 사랑의 언어가 '함께하는 시간'이라면, 그런 대화는 사랑받고 있음을 감정적으로 느끼게 하는 데 아주 중요하다. 진정한 대화는 인정하는 말과 아주 다르다. 인정하는 말은 말하는 것이 중요하지만 진정한 대화는 듣는 것이 중요하다. 내가 '함께하는 시간'으로 당신에게 사랑을 전하기 위해 함께 대화하는 시간을 보낸다면, 그것은 당신에게 관심을 집중시키고 당신의 말을 공감하며 듣는 것을 의미한다. 당신의 생각이나 감정이나 바람을 시비하는 투가 아니라 정말 이해하기 원하며 질문할 것이다.

결혼 17년 차인 43세의 패트릭이라는 남자를 만났었다. 그의 첫마디가 아주 드라마틱했기에 기억난다. 내 사무실 의자에 앉아 간단하게 자신을 소개하기를, "채프먼 박사님, 나는 정말 어리석은 사람입니다"라고 한숨을 몰아쉬며 말했다.

"왜 그런 말씀을 하시지요?"

"결혼 생활을 17년이나 했는데 아내는 내 곁을 떠났습니다. 지금 생각하니 내가 참 어리석었습니다."

"어리석었다는 말이 무슨 뜻입니까?" 나는 처음 했던 질문을 반복했다. "아내는 퇴근해 직장에서 있었던 일들을 내게 말하곤 했어요. 나는 그 말을 듣고 어떻게 처신하라는 말을 하곤 했지요. 항상 충고를 했어요. 문제에 직면해야 된다고요. '문제가 저절로 사라지진 않아. 그 일에 관련된 사람이나 상관에게 말해야 돼. 그 문제를 당신 자신이 부딪쳐서 해결해야 돼'라고요. 다음 날 아내는 퇴근해서 또 똑같은 문제를 내게 털어놓았어요. 나는 전날 그녀에게 가르쳐 준 대로 했는지 물었습니다. 그녀는 고개를 내저으며 못했다고 했어요. 그래서 같은 충고를 반복했지요. 그 문제를 풀 방법은 이 길밖에 없다고요. 다음 날 아내는 또 같은 문제를 내게 말하는 것이었어요. 그래서 또 같은 말을 반복했어요. 그랬더니 그녀는 고개를 흔들며 '안 될 거야.' 하는 것이었어요.

3, 4일이 지나자 나는 몹시 화가 났어요. 내 충고를 듣지 않으려면 말도 꺼내지 말라고 했어요. 그녀는 자청해서 스트레스를 받고 사는 것 같

았거든요. 내 충고대로 따르기만 하면 문제를 풀 수 있는데 말이죠. 그 문제 때문에 답답하게 스트레스를 받고 있는 아내를 보는 것이 내겐 몹시 힘들었어요. 그 다음날도 똑같은 문제를 얘기하기에 나는 '더 이상 듣기 싫어. 내가 얘기했잖아. 내 충고에 귀를 기울이지 않으면 나도 더 이상 당신 말에 귀를 기울이지 않겠어'라고 퉁명스럽게 대답했어요.

그리고 그 문제엔 상관하지 않고 내 일에만 몰두했어요. 제가 이렇게 어리석었습니다. 직장에서의 어려움을 말할 때 그녀는 나의 충고를 기대한 것이 아니었음을 이제야 깨달았습니다. 공감을 원한 거예요. 내가 들어주고 관심을 보이고 그녀가 받는 스트레스와 상처들을 이해해 주기를 원할 뿐이었어요. 내가 자기를 사랑하며 언제나 곁에 있다는 사실을 알기 원한 것이었지요. 충고를 기대한 것이 아니라 이해해 주기 바란 것이지요. 그러나 나는 이해하는 대신 충고하기에만 급급했어요. 얼마나 어리석습니까? 이제 그녀는 떠났습니다.

왜 그때 그것을 몰랐을까요? 무엇이 어떻게 돌아가는지 그 당시에는 도무지 몰랐어요. 그녀를 실망시켰다는 것을 이제서야 깨달았습니다."

패트릭의 아내는 진정한 대화를 갈망했었다. 그녀는 자신이 겪는 고통과 좌절을 알아주기를 원했다. 그러나 패트릭은 듣기보다는 말하는 데 집중했다. 문제를 파악한 만큼만 듣고 해결책만 모색했다. 지지와 이해를 바라는 그녀의 절규를 들을 수 있을 만큼 경험하지 않았던 것이다. 우리는 대부분 패트릭과 같다. 우리는 문제를 분석하고 해결하는 훈련은 잘 받아 왔다. 우리는 결혼 생활이 성취해야 하는 과제나 해결해야 하는 문제가 아니라 관계라는 사실을 잊는다. 관계라 함은 상대방의 생각이나 감정이나 원하는 것을 이해하려는 입장에서 공감하며 듣는 것을 말한다. 상대방이 요구해 오면 충고는 할 수 있으나 결코 생색내는 투로 해서는 안 된다. 우리 모두는 듣는 훈련이 잘 돼 있지 않다. 생각하는 것이나 말하는 것은 잘한다. 듣기 훈련은 외국어를 배우는 것만큼 어려울 수도 있지만 사랑을 알리고 싶으면 꼭 그것을 배워야 한다.

배우자의 제1의 사랑의 언어가 '함께하는 시간'이고 진정한 대화라면 특히 잘 배워야 한다. 다행히 듣는 기술을 개발시키는 방법에 대한 책과 잡지들이 많이 나와 있다. 다시 반복하고 싶진 않지만 실제적인 요령을 요약하면 다음과 같다.

1. 배우자와 이야기할 때는 시선을 그에게 고정시킨다. 이것은 다른 생각을 하는 것을 막아 주며, 상대방이 충분히 관심을 받고 있음을 알게 한다.

2. 배우자의 말을 들으면서 동시에 다른 일을 하지 않는다. '함께하는 시간'은 전적으로 관심을 집중시키는 것임을 기억한다. 만일 다른 일을 하고 있어서 즉시 집중할 수 없을 때는 솔직히 말한다. "당신이 내게 이야기하고 싶어 하는 걸 알지만 지금 당장은 집중할 수 없어. 내게 10분만 주면 일을 다 끝내고 차분히 앉아서 당신의 말을 들을게"라는 식으로 긍정적으로 표현할 수 있다. 거의 모든 배우자는 이러한 요구를 좋아한다.

3. 상대방의 감정에 주의를 기울인다. "배우자는 지금 어떤 감정을 갖고 있나?"라는 질문을 스스로에게 해 본다. 그것을 알게 되면 확인해 본다. 예를 들면,

"내가 _____을 잊어버렸기에 당신이 실망하는 것 같군." 하는 식으로 말할 수 있다. 이렇게 하면 그의 감정을 분명하게 하는 기회를 주기 때문이다. 이는 또한 그가 말하는 것을 당신이 열심히 듣고 있었다는 것을 말해 주기도 한다.

4. 보디랭귀지를 주의 깊게 보도록 한다. 주먹을 불끈 쥐고, 손을 부들부들 떨면서, 눈물을 흘리고, 인상을 찌푸리고, 눈을 부라릴 때, 우리는 상대방이 어떤 감정이라는 것을 짐작한다. 때때로 입으로 하는 말과 몸짓으로 표현하는 것(보디랭귀지)이 다를 수 있다. 진정으로 무엇을 생각하고 느끼는지 확인하기 위해 물어보도록 한다.

5. 상대방의 이야기를 가로막지 않는다. 사람들은 평균 17초 정도만 듣고 끼어들어 자기 생각을 말한다는 연구가 있다. 내가 당신의 말에 전적으로 관심을 집중시킨다면 나 자신을 방어하거나 당신을 비방하거나 아주 독설적으로 내 입장을 고수하지 않을 것이다. 내 목적은 당신의 생각이나 감정을 알아내는 것이다. 자신을 방어하는 것이나 상대방을 고치려는 것이 아니다. 바로 당신을 이해하는 것이다.

말하는 법 배우기

진정한 대화는 공감을 가지고 듣는 것뿐 아니라 자기를 표현하는 것을 요구한다. 어떤 부인이 "내 남편은 말을 좀 했으면 좋겠어요. 그가 도대체 무슨 생각을 하며 무엇을 느끼고 있는지 통 알 수가 없어요"라고 할 때, 그녀는 친밀한 관계를 호소하고 있는 것이다. 그녀는 남편과 가까워지기를 원하지만 자신이 알지도 못하는 사람과 어떻게 가까워지겠는가? 그녀가 사랑받고 있다는 것을 느끼기 위해서는 남편이 마음을 보여 주어야 한다.

아내의 제1의 사랑의 언어가 '함께하는 시간'이고 '진정한 대화'라면 남편이 자신의 생각이나 감정을 말하기 전까지는 그녀의 사랑 탱크는 늘 비어 있을 것이다. 어떤 사람에게는 자기를 표현한다는 것이 쉽지 않다. 자신의 생각이나 감정을 표현하도록 장려받지 못하고 오히려 야단을 맞으면서 자란 사람들도 많이 있다. 장난감을 사 달라고 하면 가정 형편이 어렵다는 잔소리를 듣기도 한다. 그 아이는 그런 소원을 가진 데 대해 죄책감을 느끼게 되어 자기 소원을 표현하지 않는 법을 재빨리 터득하게 된다.

분노를 표현했을 때 부모가 호되게 야단을 치는 수도 있다. 그러면 아이는 분노를 표현하는 것이 바르지 않다고 배우게 된다. 아이가 아버지와 함께 상점에 가지 못한 실망을 표현하는 것에 죄책감을 느낀다면, 그 아이는 그 실망감을 내면으로 쌓아 두는 법을 배우게 된다. 그리하여 성인이 될 때쯤이 되면 대부분 감정을 감추는 법을 배운다. 이제 자신의 감정적 자아를 노출시키지 않는다.

어떤 아내가 남편에게 "스티브가 한 일에 대해 어떻게 생각하세요?"라고 말하자 남편은 "나는 그가 틀렸다고 생각해. 그는 그렇게 하지 말았어야 해." 하고 대답한다. 그러나 그는 자신의 감정을 말하지 않는다.

그저 생각만 말하고 있을 뿐이다. 그는 화가 나거나 마음이 상하거나 실망스러운 감정을 가질 수도 있다. 하지만 감정을 인정하지 않는 세계에 산 지가 너무 오래된 것이다.

'진정한 대화'라는 사랑의 언어를 배우는 것은 아마 외국어를 배우는 것과 같을 것이다. 여태까지 부인했다 하더라도 자신도 감정을 지닌 사람이라는 사실을 깨닫는 것이 자신의 감정과 접촉하는 첫 단계가 될 것이다.

'진정한 대화'라는 사랑의 언어를 배우려면, 우선 당신이 집 밖에서 갖게 되는 감정을 살피는 일부터 시작하라. 조그만 수첩을 매일 지니고 다니도록 하라.

하루에 3번씩 자신에게 지난 3시간 동안 내가 무슨 감정을 가졌었나? 출근하는 길에 뒤차가 내 차를 바짝 따라올 때 무엇을 느꼈는가? 주유소에 갔을 때 자동 펌프 장치가 차단되어 차에 기름을 넣을 수 없었을 때 무슨 생각을 했는가? 마감 기한이 앞으로 2주일이나 남았다고 생각한 일을 3일 안에 끝내라고 할 때 무엇을 느꼈는가?"의 질문에 스스로 대답하도록 하라.

노트에 당신 감정을 기록하되 그 감정을 일으킨 사건을 기억하기 위해 한두 마디를 기록하라.

그 목록은 다음과 같을 것이다.

사건	감정
뒤차가 바짝 따라옴 →	분노
주유소 →	매우 화가 남
3일 안에 끝내야 할 일 →	좌절되고 걱정됨

하루에 세 번씩 이렇게 하면 자신의 감정을 잘 알게 될 것이다. 수첩을 이용하여 배우자에게 당신의 감정과 사건들을 간략하게 전하도록 하라. 몇 주 되지 않아 당신은 배우자에게 감정을 아주 편안하게 전할 수 있게 될 것이다. 그리하여 당신은 배우자나 자녀들이나 가정에서 일어나는 일들에 대해서도 자연스럽게 자신의 감정을 표현할 수 있을 것이다. 감정 그 자체는 좋거나 나쁜 것이 아니라는 사실을 기억하라. 그것은 단지 생활 속에서 일어나는 사건들에 대한 심리적 반응일 뿐이다. 우리는 자신의 생각이나 감정을 바탕으로 하여 결정을 내린다. 고속도로에서 뒤차가 바짝 붙어 오면 화가 나서 아마 다음과 같은 생각들을 할 수도 있을 것이다. '제발 그만뒀으면, 차라리 앞지르기라도 하지, 잡히지 않는다면 차라리 가속 페달을 밟아 버릴까, 브레이크를 꽉 밟아 사고가 난다면 그의 보험 회사에서 새 차를 한 대 줄까, 차라리 차를 갓길로 비켜 그가 먼저 가도록 할까' 등이다.

결국 당신이 어떤 결정을 내리거나, 그 차가 속도를 늦춰 뒤에 오거나, 차선을 바꾸거나, 속도를 내서 당신을 추월해야만 안전하게 직장에 도착하게 된다. 삶의 매 순간마다 우리는 감정이나 생각이나 바람을 갖게 되며 그것을 행동으로 옮기게 된다. 자기 표현이란 그 과정을 표현한 것이다. 당신이 만일 진정한 대화라는 사랑의 언어를 배우려면 그 길을 따라가야 한다.

사해형 vs. 시냇물형

감정을 느끼지 않는 사람은 없지만 그것을 표현하는 것은 성격의 영향을 받는다. 나는 기본적으로 두 가지 성격 유형이 있다고 생각한다.

첫 번째 유형은 '사해'형이라 할 수 있다. 조그만 나라 이스라엘에 있는 갈릴리바다는 요단강을 따라 남쪽으로 흘러 사해에 이르게 된다. 사해는 어느 쪽으로도 물이 나갈 수 없다. 물을 받기만 하고 내보내지 못한다.

이런 유형의 성격은 매일 많은 경험이나 감정이나 생각들을 받아들인다. 그러한 사람들은 정보를 보관할 큰 탱크는 갖고 있으나 그것들을 말하는 것을 좋아하지 않는다. 당신이 '사해' 성격의 소유자에게 "문제 있어요? 오늘 밤 왜 아무 말이 없어요?"라고 말하면 그는 분명히 "나는 아무렇지 않은데, 왜 그렇게 생각하지?"라고 대답할 것이다. 사실 그것이 정직한 대답이다. 그에게는 말하지 않는 것이 편안한 것이다. 그는 시카고에서 디트로이트까지 운전하면서 말 한마디를 하지 않아도 아무 상관없다.

그 반대 유형은 '시냇물'형이다. 이러한 성격의 소유자는 눈과 귀로 보고 듣는 것은 무엇이든지 입으로 다 내보낸다. 그 사이가 60초도 되지 않는다. 그들은 무엇을 보든지 듣든지 간에 말을 한다. 말할 사람이 없을 때는 전화를 걸어서라도 말해야 한다. "너, 내가 뭘 봤는지 알아? 너, 내가 뭘 들었는지 알아?" 전화로도 말할 상대를 찾지 못한다면 혼자서라도 중얼거린다. 담아 둘 곳이 없기 때문이다. 사해형과 시냇물형이 결혼하는 경우가 많은데, 그것은 데이트할 때 서로 끌리게 되기 때문이다.

당신이 사해형인데 시냇물형과 교제한다면 아주 멋진 저녁 시간을 갖게 될 것이다. '오늘 밤 대화를 어떻게 시작할까? 대화를 잘해 나갈 수 있을까?'와 같은 걱정을 할 필요가 없다. 사실 전혀 걱정할 필요가 없다. 당신은 단지 고개만 끄덕이면서 "오, 음"과 같은 말만 하면서 저녁 시간을 보내고 나서, "참 멋진 사람이야"라는 말을 하며 귀가하면 된다.

반면에 당신이 시냇물형이라면 사해형과 교제하며 재미있는 시간을 가질 수 있다. 상대방이 잘 들어주기에 세 시간이라도 이야기할 수 있으며, "참 멋진 사람이야"라는 말을 하면서 헤어질 수 있다. 이처럼 서로에게 매료될 수 있다.

그렇지만 결혼 후 5년이 지난 어느 날 아침, 시냇물 성격을 지닌 사람은 "5년이나 결혼 생활을 했건만 그가 도대체 어떤 사람인지 모르겠습니다"라고 말하게 된다. 사해 성격의 소유자는 "나는 당신을 너무나 잘 알지. 당신이 말을 좀 그만했으면 좋겠어. 생각할 시간을 좀 가져 봅시다"라고 대꾸한다. 다행히 사해 성격의 소유자는 말하는 것을 배우고, 시냇물 성격의 소유자는 듣는 것을 배울 수 있다. 우리는 성격의 영향을 받긴 하나 극복할 수 있다. 새로운 방식을 익히는 한 가지 방법은 그 날 일어난 일 세 가지 정도를 이야기하고 느낀 점을 나누는 시간을 매일 갖는 것이다. 나는 그것을 행복한 결혼 생활을 위한 '일일 권장량'이라고 부른다. 만일 '일일 권장량'을 시작한다면 몇 주 안에 아니면 몇 달 안에 부부간에 진정한 대화가 아주 원활하게 이루어지고 있음을 발견하게 될 것이다.

함께하는 활동

함께하는 시간이라는 사랑의 언어에는 '함께하는 활동'이라는 방법이 있다. 나는 최근에 있었던 세미나에서 "나는 남편/아내가 _____ 할 때 가장 사랑받는다고 느낀다"는 질문을 채우도록 했다. 8년간 결혼 생활을 한 29살의 남자가 이렇게 대답했다. "나는 아내가 내가 하고 싶은 일이나 아내가 하고 싶은 일을 함께할 때 가장 사랑받는다고 느낍니다. 우리는 많은 대화를 합니다. 그때는 다시 데이트하는 기분이 들어요." 제1의 사랑의 언어를 함께하는 시간이라고 말한 사람들은 거의 이렇게 대답한다. 중요한 것은 함께 있고, 함께 무엇을 하면서 서로를 향해 완전히 집중하는 것이다.

함께하는 활동에는 부부 중 한 사람 혹은 두 사람 다 관심 있는 것이 포함된다. 무엇을 하느냐가 아니라 왜 그것을 하느냐가 중요하다. 그 목적은 "그가 나를 배려한다. 그는 내가 좋아하는 것은 무엇이든 기꺼이 하고 적극적으로 한다"라는 감정을 느끼게 하기 위한 것이다. 그것이 바로 사랑이며, 어떤 사람에게는 사랑을 가장 큰 소리로 전하는 것이다.

에밀리는 시간 여유가 있을 때 서점을 뒤지는 것을 좋아한다. 대형 서점에서 구멍가게 같은 중고 서점까지 휩쓰는 것이었다. 남편인 제프는 독서를 좋아하는 편은 아니었지만 에밀리와 함께 이런 경험을 하는 것을 터득했다. 그리하여 에밀리가 좋아할 만한 책을 찾아 줄 정도까지 되었다. 에밀리도 남편이 몇 시간씩 책방에 파묻히도록 하지 않을 만큼 타협하는 법을 배웠다. 그 결과 제프는 "나는 에밀리가 좋아하는 책이면 사주겠다고 일찍부터 맹세했다"라고 당당하게 말할 수 있게 되었다. 그는 책벌레가 되지 않으면서도 에밀리를 잘 사랑할 수 있게 되었다. 함께 정원을 가꾼다든지, 골동품을 보러 다닌다든지, 음악을 듣는다든지, 함께 소풍을 간다든지, 오래 산보를 한다든지, 뜨거운 여름날에 함께 차를 닦는 것 등은 모두 함께하는 활동에 포함될 수 있다.

흥미나 관심이 중요하다. 함께하는 활동의 필수 요소로는 첫째, 적어도 두 사람 중의 하나는 그 활동을 원하며, 둘째, 상대방은 기꺼이 그것을 따라가고, 셋째, 둘 다 왜 그것을 하고 있는지 그 이유(함께함으로써 사랑을 표현하려는 것)를 알아야 한다.

함께하는 활동으로 얻게 되는 이득 중의 하나는 그 활동들이 회상해 볼 수 있는 좋은 추억거리를 제공해 준다는 것이다. 해변을 따라 산책했던 이른 아침, 정원에서 함께 꽃을 가꿨던 봄날, 토끼를 쫓으려고 수풀 속을 헤매다 풀독이 올랐던 일, 야구 경기를 관람했던 밤, 단 한 번뿐이지만 스키를 타다 다리를 다쳤던 때, 공원, 음악회, 교회, 2마일이나 기어 올라가 폭포 밑에 섰던 순간 등, 이 모든 것을 함께 회상할 수 있는 부부는 행복한 것이다. 그들은 이것들을 추억할 수 있다. 이 모든 것이 사랑의 추억이다. 특히 제1의 사랑의 언어가 함께하는 시간인 사람들에게는 더욱 중요하다. 그러면 이러한 활동을 할 시간을 어떻게 낸단 말인가? 특히 둘 다 직장을 가지고 있다면 말이다. 점심이나 저녁 식사 시간을 내듯 시간을 만들 수 있다. 어떻게 그럴 수 있는가? 식사하는 것이 우리의 건강을 위해 꼭 필요하듯 결혼 생활을 위해 그것이 반드시 필요하기 때문이다.

그렇게 하는 것이 어려운가? 또한 신중한 계획이 필요한가? 그렇다. 그것은 개인의 어떤 활동을 포기해야 되는 것을 의미하는가? 그럴 수도 있다.

우리 자신이 별로 좋아하지 않는 것도 해야 되는 것을 의미하는가? 그렇다. 그만한 값어치가 있는가? 의심할 여지없이 그렇다. 나에게 유익이 되는 것은 무엇인가? 사랑받고 있음을 느끼는 배우자와 함께 사는 기쁨이며 배우자의 사랑의 언어를 유창하게 구사하는 것을 배웠다는 것이다. 나에게 사랑의 언어인 '인정하는 말'과 '함께하는 시간'의 가치를 깨닫게 해 준 빌과 베티 조에게 개인적으로 고맙다는 말을 전한다. 이제 우리는 시카고로 가겠는데, 거기서 그다음 사랑의 언어를 배우게 될 것이다.

생각하기

당신의 결혼 생활에서 함께하는 시간을 막는 장애물은 무엇인가?

›
tip!
배우자의 사랑의 언어가 **함께하는 시간일 경우,**

❶ 두 사람 중 한 사람이 살았던 추억이 담긴 거리를 함께 산책한다. 배우자의 어린 시절에 대해 물어본다. "어렸을 때 기억 중 가장 재미있는 것은 무엇이야?"라고 묻고, "가장 힘들었던 것은?" 하고 묻는다.

❷ 공원으로 가서 자전거를 빌린다. 신나게 자전거를 타다가 지치면 주저앉아 오리를 구경한다. 오리에 싫증이 나면 꽃밭을 산보한다. 서로 좋아하는 꽃의 색과 이유를 알아본다.

❸ 함께하고 싶은 활동 5가지를 말해 보게 한다. 앞으로 5개월 동안 매달 한 가지씩 실천할 계획을 세운다. 돈이 문제가 된다면 공짜로 할 수 있는 기회를 찾도록 남겨 둔다.

❹ 부부가 대화할 때 가장 선호하는 장소를 물어본다. 다음 주에는 이런 문자 메시지를 보낸다. "이번 주중 하루 저녁에 당신이 말한 그곳에서 데이트합시다. 언제가 좋을지 적당한 날짜와 시간을 알려 줘요."

❺ 배우자가 좋아하고 자신은 별로 즐기지 않는 활동들을 생각해 본다. 그런 다음 자신의 관심의 폭을 넓히기 원한다며 이달 중에 그런 활동을 한번 같이 해 보겠다고 제안한다. 날을 잡고 최선의 노력을 한다.

❻ 6개월 내에 단둘이서만 주말 나들이를 할 계획을 세운다. 직장이나 자녀들의 방해를 받지 않을 수 있는 주말을 택하도록 한다. 둘 혹은 한 사람이 좋아하는 일을 함께하면서 편히 쉬는 데 집중한다.

❼ 매일 시간을 내어 그날 있었던 일을 서로 이야기한다. 부부 대화보다는 인터넷 채팅에 더 많은 시간을 보낸다면, 결국 배우자보다는 채팅 대상에게 더 많은 관심을 가지게 될 것이다.

❽ 3개월마다 '우리의 지난날 회고하기' 시간을 갖는다. 한 시간을 따로 정해 상대방의 지난날을 집중적으로 알아본다. 다음과 같은 네 가지 질문을 선택해 답하도록 한다.

1. 학창 시절 최고와 최악의 선생님은, 그 이유는?
2. 부모님이 자기를 자랑스럽게 여긴다고 생각했던 때는?
3. 어머니가 한 최악의 실수는?
4. 어렸을 때의 신앙생활에 대해 기억나는 것은?

매일 저녁, 이야기를 시작하기 전에 먼저 어느 질문에 집중할지를 함께 정한다. 다섯 가지 질문이 끝나면 중단하고 다음에 질문할 다섯 가지를 정한다.

❾ 거실에서 캠프를 한다. 거실 바닥에 담요와 이불을 준비한다. 음료수와 간식을 준비한다. TV는 고장 나서 볼 수 없는 것으로 간주하고 데이트할 때처럼 대화를 한다. 날이 밝거나 다른 어떤 일이 생길 때까지 이야기한다. 거실 바닥이 너무 힘들면 소파나 침실로 옮긴다. 이날을 결코 잊을 수 없을 것이다.

3

선물

Receiving
Gifts

◆

나는 시카고에서 인류학을 연구했다. 민속을 연구하기 위해 세계 여러 나라를 방문하기도 했다. 중앙아메리카에 가서 마야 문명과 아즈텍 문명을 연구했으며, 태평양 군도에 가서 멜라네시아와 폴리네시아의 여러 종족도 연구했다. 북극 툰드라 지역의 에스키모와 일본의 원주민인 아이누인도 연구했다.

여러 문화의 사랑이나 결혼 관습을 연구한 후, 선물을 주고받는 것이 사랑과 결혼의 중요한 부분임을 발견했다. 인류학자들은 문화 양식에 매료되곤 하는데 나도 예외는 아니었다. 선물이라는 것이 문화적 장벽을 초월해 사랑을 가장 잘 표현하는 수단이 될 수 있는가? 사랑이란 반드시 주는 것을 수반하는 것인가? 이러한 말들이 다소 학문적이거나 철학적 질문 같지만 북아메리카에 사는 부부들은 상당히 실제적 의미를 지닌다.

사랑의 증표

나는 도미니카 공화국으로 인류학 현장 실습을 갔었다. 우리는 카리브 해안에 사는 인디언을 연구하기 위해 갔는데, 여행 도중 나는 프레드라는 남자를 만났다. 그는 카리브인은 아니고 28살의 젊은 흑인이었다. 프레드는 다이너마이트로 고기를 잡다가 한 손을 잃었다. 그 사고 이후 그는 어업을 계속할 수 없었다. 우리는 많은 시간을 함께 보내면서 그의 문화에 대해 이야기했다.

프레드의 집을 처음 방문했을 때, 그가 내게 "게리 씨, 주스 좀 드시겠어요?"라고 묻기에 나는 "좋습니다"라고 대답했고, 그는 동생에게 "게리 씨에게 주스 좀 갖다 드려"라고 말했다. 그의 동생이 밖으로 나가 더러운 진흙 길을 걸어 나무 위로 올라가더니 초록색 코코넛 열매를 따 가지고 내려왔다. "열어 봐"라고 프레드는 명령했다. 벌채용 칼로 세 번 정도 손을 빠르게 움직이더니 코코넛 위에 삼각형의 구멍을 냈다. 프레드는 코코넛을 그대로 내게 건네주면서 "마셔요." 하고 권했다.

아직 초록색이긴 하나 그것이 사랑의 증표라는 사실을 알고 훌쩍 다 마셔 버렸다. 나는 그의 친구였으며 그는 친구에게 주스를 대접한 것이었다.

그 자그마한 섬을 떠날 준비를 하고 있을 때 프레드는 또 하나의 마지막 사랑의 증표를 내게 주었다. 그것은 그가 바다에서 가져왔다는 14인치 가량의 구부러진 나뭇가지였다. 나뭇가지는 오랫동안 바위 위에서 부대끼다 보니 겉이 보들보들했다. 프레드는 이 나뭇가지가 도미니카 해안에 오랜 세월 있었던 것이기에 아름다운 섬을 기억하게 하는 정표로 주고 싶다고 했다. 지금도 나는 그 나뭇가지를 집어 들 때마다 카리브해의 아름다운 파도 소리를 듣는 듯하다. 그렇지만 그것이 도미니카 공화국을 생각나게 한다기보다 사랑의 기억을 불러일으키곤 한다.

선물이란 그것을 손에 쥐고 "자, 이것 좀 봐. 그가 나를 생각하고 있어." 아니면 "그녀가 나를 기억하고 있거든." 하고 말할 수 있는 것이다. 선물을 줄 때 우리는 반드시 그 사람을 생각한다. 선물 자체는 그 생각을 상징하는 것이다. 값이 얼마나 되느냐는 상관없다. 중요한 것은 상대방을 생각하고 있다는 것이다. 중요한 것은 마음속에 있는 생각이 아니라 사랑의 표현으로 선물을 준비하고 주는 과정으로 드러난 생각인 것이다.

어머니들은 아이들이 뜨락에서 선물로 따 온 꽃을 기억한다. 어머니 자신이 꺾고 싶지 않은 꽃이지만 그 꽃을 통해 사랑을 느낀다. 아이들은 어릴 때부터 부모에게 선물을 주고 싶어 한다. 이것은 선물을 주는 것이 사랑의 본질적 부분임을 잘 나타내 준다. 선물은 사랑을 나타내는 상징이다. 주례자들은 결혼식에서 "이 반지는 두 사람을 영원한 사랑으로 묶어 주는 내적이고 영적 결합을 나타내는, 눈으로 볼 수 있는 징표입니다"라고 말한다. 그것은 의미 없이 그저 하는 말이 아니다. 그 징표는 감정적 의미를 나타낸다는 중요한 진리를 말로 설명해 주는 것이다.

남편과 아내가 결혼반지를 끼지 않을 때부터 우리는 그 결혼 생활이 무너져 가고 있음을 보는 듯하다. 그 결혼 생활에 심각한 위기를 맞았음을 눈으로 보여 주는 것이다. 어떤 남편은 "그녀가 결혼반지를 내게 던지고 문을 쾅 닫고 나가 버렸을 때, 나는 우리 결혼이 위기에 처했음을 알았지요. 나는 이틀간이나 반지를 그대로 내버려 두었어요. 마침내 그것을 집어 들고 주체할 수 없는 눈물을 흘리고 말았어요"라고 말했다. 그녀의 손가락에 있어야 할 반지가 그의 손바닥에 있다는 것은 그 결혼 생활이 거의 끝나 가고 있음을 눈으로 보여 주는 것이다. 주인 잃은 반지는 그 남편의 감정을 더욱 자극했다.

눈으로 볼 수 있는 사랑의 상징이 어떤 사람에게는 더 중요하다. 사람들이 결혼반지에 대해 서로 다른 견해를 갖고 있기 때문이다. 어떤 사람은 결혼한 후에 결혼반지를 절대로 빼지 않는다. 반면에 전혀 끼지 않는 사람도 있다. 사람들이 다양한 사랑의 언어를 갖고 있다는 또 다른 징표이기도 하다.

선물을 받는 것이 나의 제1의 사랑의 언어라면 배우자가 준 반지에 굉장한 의미를 부여하고 자랑하면서 끼고 다닐 것이다. 또한 배우자가 준 선물을 받고 매우 기뻐할 것이다. 그것을 사랑의 표현으로 받아들일 것이다. 선물을 주지 않으면 배우자의 사랑을 의심하기까지 한다. 선물은 크기나 색깔이나 형태가 다양하다. 어떤 것은 비싸지만 어떤 것은 값

없이 거저 얻은 것일 수도 있다. 선물을 받는 것이 제1의 사랑의 언어인 사람에게는 당신이 지불할 수 있는 한도를 벗어나지 않는다면 가격은 별로 문제 되지 않는다.

백만장자가 매일 1달러짜리 선물을 준다면 그것이 사랑의 표현인지 의심하겠지만, 가난한 사람이 주는 1달러짜리 선물은 백만 달러의 값어치를 지닐 것이다. 선물은 사거나 찾거나 만들 수 있다. 남편이 조깅하다가 길에서 예쁜 깃털을 주워 아내에게 가져다준다면, 아내는 깃털에 알레르기 반응이 없는 한 그것을 사랑의 표현으로 받아들일 것이다.

그렇게 할 수 없는 사람이라면 5달러 이하의 카드를 살 수도 있을 것이다. 그것도 힘들다면 하나 만들면 된다. 안 쓰는 종이를 찾아 반으로 접은 다음 가위로 잘라 하트 모양을 만들고 "여보, 사랑해!"라고 쓰고 사인을 하면 된다.

선물이 꼭 비쌀 필요는 없다. 그러나 "나는 선물에 익숙한 사람이 아니야. 자라면서 선물을 많이 받지 못했거든. 선물 고르는 법도 잘 모르고. 선물 주는 것이 자연스럽지 않은 것 같아"라고 말하는 사람도 있다. 축하할 일이다. 당신은 이제 훌륭한 배우자가 되는 길을 처음 발견한 것이다. 당신과 배우자는 서로 다른 사랑의 언어를 구사한다. 이제 그것을 발견했으니 제2의 사랑의 언어를 배우기 시작하라. 배우자의 제1의 사랑의 언어가 선물을 받는 것이라면 당신은 선물을 능숙하게 줄 수 있는 사람이 되어야 한다. 사실 이것은 가장 배우기 쉬운 사랑의 언어 중 하나이다.

어디서부터 시작해야 하는가? 당신의 배우자가 그동안 선물을 받으면서 몹시 기뻐했던 품목들을 기록하도록 하라. 당신이 준 것이거나 아니면 다른 가족이나 친구들이 준 것도 무방하다. 당신이 선물을 고르는 데 자신이 없으면 배우자의 취향을 잘 아는 가족의 도움을 받을 수도 있다. 이제 당신이 구입했거나 혹은 만들거나 찾아낸 선물을 배우자에게 주라. 특별한 날까지 기다릴 필요는 없다.

배우자의 제1의 사랑의 언어가 선물을 받는 것이라면, 어떤 것을 주든 그것이 사랑의 표현으로 받아들여질 것이다. 그녀가 이전에 당신이 준 선물에 대해 비판적이었거나 별로 달가워하지 않았다면 선물 받는 것이 그녀의 제1의 사랑의 언어가 아닌 것이 분명하다.

최고의 투자

선물을 잘 주는 사람이 되려면 돈에 대한 태도를 바꿔야 한다. 돈의 목적에 대해 각기 다른 견해를 갖고 있기에 돈을 쓰는 데도 다양한 감정을 가질 수 있다. 어떤 사람은 쓰는 것에 익숙하다. 돈을 쓰면서 마음이 편하다. 하지만 어떤 사람은 돈을 절약해 저축하는 데 주력한다. 돈을 절약해 현명하게 투자할 때 기뻐한다.

돈을 쓰는 데 익숙한 사람이라면 배우자에게 선물을 하는 데 별 어려움은 없을 것이다. 당신이 절약형이라면 돈을 써서 사랑을 표현한다는 사실에 감정적으로 큰 저항을 느낄 것이다. 당신은 자신을 위해 물건을 구입하지 않는다. 왜 배우자를 위해 무엇을 사야만 하는가? 하지만 당신도 자신을 위해 무엇인가를 구입하고 있다는 사실은 알아차리지 못한다. 돈을 절약하고 저축하는 것은 바로 당신의 자아의 가치와 감정의 안정감을 사는 것과 같다. 돈을 다루는 방법으로 당신은 당신의 감정적 욕구를 다스리는 것이다.

그러나 당신이 지금 취하는 행동은 배우자의 감정적 욕구를 충족시키지 못한다. 배우자의 제1의 사랑의 언어가 선물 받는 것임을 알았다면 당신은 배우자를 위해 선물을 구입하는 것이 가장 좋은 투자라는 사실을 이해해야 한다.

당신이 배우자에게 투자해 배우자의 사랑 탱크를 채우고 있다. 그 탱크가 꽉 차면 배우자는 당신이 이해하는 사랑의 언어로 보답할 것이다. 부부의 감정적 욕구가 충족될 때 그 결혼 생활은 전혀 새로운 국면으로 접어들 것이다. 배우자에게 투자하는 것을 꺼리지 말기 바란다. 당신은 진정한 의미로 투자하는 사람이 될 것이다. 사랑하는 배우자에게 투자하는 것은 바로 우량 주식에 투자하는 것과 같기 때문이다.

자신이 선물이 됨

손에 쥘 수 있는 선물보다 더 큰 기쁨을 줄 수 있는, 눈에 보이지 않는 선물이 있다. 나는 그것을 자아의 선물 혹은 존재의 선물이라 부른다. 배우자가 당신을 필요로 할 때 함께 있는 것이, 제1의 사랑의 언어가

'선물'인 사람에게는 큰 소리로 사랑의 언어를 구사하는 것일 수 있다. 언젠가 젠이 내게 "남편 던은 나보다 야구를 더 사랑해요"라고 했다.

"왜 그런 식으로 말하지요?"라고 나는 물었다.

"우리 아이가 태어난 날 그는 야구 경기를 했어요. 그가 야구 경기를 하고 있는 오후 내내 나는 병원 침대에 혼자 누워 있었지요."

"아기가 태어났을 때는 남편이 함께 있었어요?"

"네, 그는 단지 아기가 태어날 때만 있었고 10분 후 야구 경기를 하러 다시 갔어요. 나는 몹시 지쳐 있었어요. 우리 삶에서 아주 중요한 순간이기에 내내 함께 있기를 원했어요. 하지만 던은 야구 경기를 위해 나를 버렸어요."

그 남편은 장미꽃 다발을 보내기도 했겠지만 병원에 있는 아내 옆에서 같이 있는 것과는 비길 수 없었다. 젠은 그러한 일로 몹시 상심했다. 그 아이는 이제 열다섯 살이 되었지만 그때 일을 그녀는 마치 어제 일처럼 감정을 섞어 이야기한다.

나는 덧붙여 "단 한 번의 경험으로 그가 당신보다 야구 경기를 더 사랑한다고 결론을 내릴 수 있습니까?"라고 물었다.

"아니지요. 그는 내 어머니 장례식 때도 야구 경기를 했거든요."

"그가 장례식에는 갔었나요?"

"네, 가긴 했지만 장례식이 끝나자마자 곧 야구 경기하러 갔어요. 정말 믿을 수 없었어요. 내 형제들은 나와 함께 우리 집으로 왔는데 그는 야구 경기를 하러 갔어요."

나중에 나는 던에게 이 두 사건에 대해 물어보았다. 그는 내가 무슨 말을 하는지 정확하게 알고 있었다.

"나는 그녀가 그런 식으로 말할 줄 알았어요. 진통이 있을 때와 아기가 태어나는 순간에 거기에 있었어요. 그래서 사진도 찍었고 너무 기뻐 우리 야구팀 친구들에게 알리고 싶은 마음에 기다릴 수 없었어요. 그런데 내가 병원으로 돌아왔을 때는 이미 사건은 터지고 말았지요. 그녀는 굉장히 화를 냈어요. 그녀가 말하는 것을 나는 믿을 수 없었어요. 그녀도 팀원들에게 이 사실을 알리는 것을 좋아하리라 생각했거든요.

그리고 장모님이 돌아가셨을 때는요, 그녀가 박사님에게 말하지 않은 것 같은데 사실은 장모님이 돌아가시기 전에 한 일주일간 직장에서 휴가를 얻어 병원에 함께 있었고, 또한 장모님 댁에서 도와드렸어요. 장모님이 돌아가시고 장례식이 끝난 후 내가 할 일은 다했다고 생각했어요. 나도 좀 쉴 필요가 있었지요. 야구 경기를 하는 것이 스트레스로부터 벗어나는 데 도움이 될 것이라 생각했어요. 그녀도 내가 좀 쉬기를 원한다고 생각했어요. 나는 중요한 것을 다 했다고 생각했으나 그녀에게는 충분하지 못했나 봐요. 그녀는 그 이틀간의 일을 잊어버리지 않고 지금까지 나에게 상기시키곤 해요. 내가 그녀보다 야구 경기를 더 사랑한다고 말하잖아요. 얼마나 우스운 말입니까?"

그는 신실한 남편이기는 하나 함께 있어 주는 것이 얼마나 큰 힘이 되는지 알지 못했다. 그가 함께해 주는 것이 그 어떤 것보다 그녀에게는 중요했다. 배우자의 제1의 사랑의 언어가 선물을 받는 것이라면, 위기의 순간에 그와 함께하는 것은 바로 당신이 줄 수 있는 가장 훌륭한 선물이 된다. 당신의 몸이 당신의 사랑을 표현하는 상징이 된다.

그 상징을 제거해 버리면 사랑의 감정은 사라져 버린다. 상담을 하는 동안 던과 젠은 과거의 상처와 오해를 해결했다. 젠은 점차 그를 용서하게 되었고 던은 자신의 존재가 왜 그녀에게 중요한지를 깨닫게 되었다.

배우자가 함께 있는 것이 당신에게 중요하다면 그것을 배우자에게 말로 표현하라. 마음을 읽고 알아서 해 주리라 기대하지 말라. 배우자가 "오늘 밤, 내일 혹은 오늘 오후에 당신이 나와 함께 있으면 좋겠어요"라고 말할 때 그 요구를 진지하게 받아들이라. 당신이 생각하기에 그것이 별 대수롭지 않을 수도 있다. 그래서 그 요구에 반응하지 않는다면 당신은 결국 당신의 의도와 전혀 다른 메시지를 전달하게 된다.

어떤 남편이 내게 와서 말했다.

"내 어머니가 돌아가셨을 때 아내의 직장 상사는 그녀에게 장례식에 참석할 수 있도록 단지 두 시간만 내주고 오후에 다시 일터로 돌아와야 한다고 했습니다. 아내는 직장 상사에게 남편이 자신을 필요로 하기에 하루 종일 남편과 함께 있어야 한다고 했습니다.

그 상사는 '당신이 하루 종일 자리를 비우면 직장을 잃게 될 수도 있다'라고 했습니다. 아내는 '내게는 직장보다 남편이 더 중요합니다'라고 대답하고 하루 종일 나와 함께 있었습니다. 어쨌든 그날 나는 아내가 이전의 어느 때보다도 나를 사랑한다고 느꼈습니다. 나는 그때 아내가 한 일을 결코 잊을 수 없어요. 그녀는 직장을 잃지 않았습니다. 그 상사는 곧 직장을 떠나게 되었고 아내가 대신 그 자리로 옮기게 되었어요."

이 아내는 자기 남편의 사랑의 언어를 구사했으며 이 남편은 결코 그것을 잊을 수 없었던 것이다.

시카고에서 일어난 기적

사랑이라는 주제에 대해 말하고 있는 모든 곳에서 사랑의 중심에는 주는 정신이 있다고 말한다. 5가지 사랑의 언어는 모두 배우자에게 주라고 하지만, 어떤 이에게는 눈에 보이는 사랑인 선물을 받는 것이 가장 크게 들릴 수도 있다. 시카고에 사는 더그와 케이트에게서 그것을 잘 알 수 있다.

그들은 결혼 생활 세미나에 참석했는데, 토요일 오후 세미나가 끝나자 오헤어 공항으로 나를 데려다주었다. 비행기에 탑승하기까지 두세 시간의 여유가 있음을 알고 그들은 내게 식당으로 가지 않겠냐고 물었다. 배가 몹시 고프기도 하기에 제의를 받아들였다.

자리에 앉기가 무섭게 케이트가 이야기하기 시작했다.

"채프먼 박사님, 하나님이 우리 결혼 생활에 기적을 베푸시려고 당신을 보내셨어요. 3년 전에 우리 부부는 처음으로 박사님이 하는 결혼 생활 세미나에 참석했었습니다. 그때 나는 절박한 심정이었습니다. 나는 더그의 곁을 떠날 것을 심각하게 고려하고 있었으며 사실 남편에게도 그렇게 말했지요.

우리의 결혼 생활은 오랫동안 공허했어요. 나는 완전히 포기한 상태였어요. 여러 해 동안 진정한 사랑이 필요하다고 토로해 왔지만 그는 아무런 대꾸도 없었지요. 내가 아이들을 사랑하며 아이들도 나를 사랑한다는 것을 알고 있었지만, 남편에게서는 아무것도 느낄 수 없었어요. 사실 그때 나는 그를 미워했어요. 그는 아주 빈틈없는 사람이었지요. 모든 일을 판에 박힌 듯이 처리했어요. 그는 시계처럼 정확했으며 어느 누구도 그의 일에 끼어들 수가 없었어요.

몇 년 동안은 나도 좋은 아내가 되려고 노력했어요. 좋은 아내가 해야 하는 일들이라 생각되는 것은 모두 했어요. 그가 중요시하기에 성생활도 소홀히 하지 않았어요. 하지만 사랑받는 느낌은 없었어요. 결혼 후부터는 그가 데이트하는 것을 멈추고 나를 당연하게 여긴다는 생각을 했습니다. 나는 이용당하고 무시당하는 느낌이었어요.

내 감정 상태를 더그에게 이야기하면 그는 어이없다는 듯 웃으면서 자기는 우리 동네의 어느 누구보다도 훌륭한 결혼 생활을 하고 있다고 했어요. 내가 왜 그토록 불행한지 이해할 수 없다는 것이에요. 그는 내게 생활비를 꼬박꼬박 벌어 주고 좋은 집과 자동차가 있고, 내가 집 밖에서 일할 필요도 없으니 불평불만만 하지 말고 행복하게 여겨야 한다는 거예요. 그는 내 기분을 이해하려고조차 하지 않았지요. 나는 완전히 거부된 기분에 사로잡혔어요."

그녀는 찻잔을 앞으로 밀어 놓고 몸을 앞으로 굽히며 계속 이야기를 했다. "3년 전에 박사님의 세미나에 참석하게 되었어요. 나는 무엇을 기대해야 하는지조차 몰랐으며 솔직히 별로 기대하지도 않았어요. 나는 그 어느 누구도 더그를 변화시킬 수 없다고 생각했지요. 세미나가 계속되는 동안 더그는 말을 많이 하진 않았어요. 그렇지만 좋아하는 것 같았어요. 그는 박사님이 재미있다고 했어요. 그러나 그는 세미나에서 들은 것에 대해 나와 이야기하진 않았어요. 나도 기대하지 않았기에 묻지 않았답니다.

그런데 월요일 오후에 그가 직장에서 돌아오더니 내게 장미 한 송이를 내미는 것이었어요. '당신, 이거 어디서 났어요?'라고 물었더니, '집에 오다가 꽃집에서 하나 샀어요. 당신을 생각하고 산 거야'라고 하는 거예요. 나는 울먹이면서 '여보, 당신 참 자상하군요'라고 말했어요. 화요일에는 오후 1시 30분쯤에 나에게 전화를 걸어 저녁 식사로 피자를 사 가면 어떻겠냐는 것이었어요. 저녁 식사 준비를 하는 저의 수고를 좀 덜어 주고 싶다고 했어요. 당신 생각이 참 멋지다고 했더니 그는 정말 피자를 사 가지고 왔고 우리는 함께 재미있는 시간을 보냈어요. 아이들도 피자를 좋아하면서 아빠한테 고맙다고 하더군요. 나는 그를 껴안으면서 너무너무 기쁘다고 했지요.

수요일에 퇴근할 때 그는 아이들에게 크래커를 한 봉지씩 사다 주고 내게는 아주 예쁜 화분 하나를 사다 주었어요. 장미꽃은 금방 시들지만 식물은 오랫동안 살 수 있기에 내가 더 좋아할 것 같아 사 왔다는 거예요. 나는 꿈속을 헤매고 있는 듯했어요. 남편이 지금 무엇을 하고 있으며 왜 그러는지 믿을 수 없었어요.

목요일에는 저녁 식사를 다 끝낸 후 그가 내게 카드를 하나 내밀기에 읽어 보니, 항상 말로 사랑을 다 표현할 수 없기에 카드에 자기가 얼마나 나를 사랑하고 있는지를 적었다는 거예요. '토요일에는 아이들을 맡기고 우리 둘이 외식하러 가면 어떨까?'라고 그가 제안하기에 나는 즉각적으로 '그것 참 좋은 생각이에요'라고 대답했지요.

금요일 오후에 그는 쿠키 가게에 들러 우리 식구 모두가 좋아하는 쿠키를 사 왔어요. 후식으로 먹기 위해 사 왔고 더욱이 우리 모두를 놀라게 해 주려고 나중에 꺼내는 것이었어요. 토요일 밤까지 그러한 일이 계속 생겼어요. 나는 남편이 무슨 생각을 하는지 통 알 수 없었어요. 하지만 그 순간들을 놓치지는 않고 계속 즐겼지요. 식당에서 저녁 식사가 끝난 후 나는 물었어요. '당신에게 무슨 변화가 일어나고 있는지 말해 줘요. 도무지 이해할 수 없어요.'"

그녀는 내 쪽을 바라보면서 이야기했다.

"채프먼 박사님, 밝혀 두어야 할 사실이 있어요. 이 사람은 결혼 이후로 단 한 번도 꽃을 사 오지 않았거든요. 단 한 번도 카드를 주지 않았고요. 그는 항상 '이건 돈만 낭비하는 거야. 카드는 단 한 번 보고 쓰레기통에 버리잖아'라고 했어요. 지난 5년간 딱 한 번 외식을 했어요. 그는 아이들에게도 아무것도 사 주지 않을 뿐더러 나에게도 꼭 필요한 것 외에는 못 사게 했거든요. 그는 한 번도 피자를 사 오지 않았어요. 언제나 저녁은 집에서 먹어야 했어요. 내 말은 그의 행동에 갑작스러운 변화가 왔다는 거예요."

나는 더그를 향해 "그녀가 식당에서 도대체 어찌된 일이냐고 물었을 때 무엇이라 대답했습니까?"라고 물었다.

"세미나에서 사랑에 대한 강의를 들었을 때 당신의 사랑의 언어가 선물이라는 사실을 알았다고 그녀에게 말했습니다. 또한 몇 년 동안 아니, 결혼 후에 한 번도 선물을 주지 않았음을 깨달았지요. 데이트할 때는 종종 꽃도 사 주고 조그마한 선물도 주곤 했는데 결혼 이후엔 그럴 필요가 없다고 생각했지요. 그래서 일단 일주일 동안 매일 선물을 주어 그녀에게 어떤 변화가 생기는지 알아보기로 작정했던 것입니다. 그 주간에 나는 그녀의 태도에서 아주 많은 변화를 볼 수 있었습니다.

나는 그녀에게 박사님이 말한 것이 정말 사실이고 배우자에게 맞는 사랑의 언어를 배우는 것이 상대방이 사랑을 느끼게 하는 지름길임을 깨달았노라고 말했습니다. 그러고 나서 내가 둔해서 지난 수년간 당신의 사랑의 욕구를 충족시키지 못한 것을 미안하게 생각한다고 말했지요. 내가 그녀를 얼마나 사랑하는지를, 나 자신에게뿐만 아니라 아이들을 위해 수고해 준 것이 고맙다고도 했습니다. 하나님의 도움으로 나 자신이 이제부터 선물을 주는 자의 삶을 살 것을 고백했습니다.

그녀가 '하지만 더그, 매일매일 나에게 선물할 필요는 없어요. 그렇게 할 순 없어요'라고 말하기에 나는 '아마 매일은 아닐 거야. 그렇지만 최소한 일주일에 한 번은 줄 거요. 지난 5년간 당신이 받았던 것보다 많이, 1년에 52번 이상의 선물을 받을 수 있을 거요.

그 많은 것을 어떻게 매번 사냐고? 때때로 사기도 하겠지만 더러는 채프먼 박사님의 아이디어대로 봄철에 앞뜨락에 피는 꽃을 꺾어다 줄 수도 있지'라고 했습니다."

그때 케이트가 끼어들었다.

"채프먼 박사님, 그는 지난 3년간 한 주도 거르지 않았어요. 그는 완전히 새사람이 되었어요. 우리가 지금 얼마나 행복한지 박사님은 상상도 할 수 없을 거예요. 애들은 우리를 잉꼬새라고 부릅니다. 내 사랑 탱크는 사랑으로 꽉 차서 흘러넘치고 있다고요."

나는 더그를 바라보면서 "당신은 어떤가요? 케이트가 당신을 사랑한다고 느끼나요?"라고 물었다.

"물론입니다. 그녀가 나를 사랑하는 것을 알지요. 그녀는 이 세상에서 가장 훌륭한 가정 주부입니다. 훌륭한 요리사이기도 하고요. 아이들에게도 최상의 엄마랍니다. 그녀가 나를 사랑한다는 것을 잘 압니다."

그는 미소를 지으며 계속 말했다.

"이제 내 사랑의 언어가 무엇인지 아시겠지요. 그렇지 않나요?"

물론 나는 알고 있다. 그리고 그녀가 왜 기적이라는 단어를 사용했는지도 안다.

선물은 반드시 비싸야 되는 것도 아니며, 매주 한 번씩 줘야 되는 것도 아니다. 그 가치가 금전적 값어치를 수반해야 되는 것도 아니며, 오로지 사랑이 깃든 것이면 무엇이든 된다.

생각하기

돈의 여유가 없을 때도 서로
선물을 주는 방법에는 어떤 것이 있는가?

Tip!
배우자의 사랑의 언어가 **선물일 경우,**

① 선물 퍼레이드를 한다. 아침에 배우자를 위해 사탕 박스를 남겨 주고, 오후에는 꽃배달을 시키고, 저녁에도 선물을 한 가지 한다. 웬일이냐고 물으면 "그냥 당신의 사랑 탱크를 채워 주려는 것이에요"라고 대답한다.

② 자연이 이끄는 대로 따라간다. 다음에 집 주위를 산책할 때는 눈을 잘 뜨고 배우자에게 줄 선물을 찾도록 한다. 조약돌이나 막대기, 깃털일 수도 있다. 이 자연의 선물에 의미를 부여할 수 있다. 예를 들어 예쁜 조약돌은 수많은 역경을 통해 연단된 결혼 생활을 의미할 수 있다.

③ '직접 내손으로 만든 오리지널'의 소중함을 발견한다. 직접 선물을 만든다. 이를 위해서는 도자기 만들기, 회화, 목각 등의 강좌에 등록해야 할 수도 있다. 강좌에 등록하는 목적은 선물을 만들기 위한 것이다. 손으로 만든 선물을 주다 보면 가보가 될 수도 있다.

④ 한 주 동안 매일 선물을 준다. 특별한 주간이 아니어도 된다. 단언하건대 그 주가 '특별한 주'가 될 것이다. 여력이 있다면 '특별한 달'로 만들어도 좋다. 걱정하지 말라. 배우자는 이런 일을 일생 할 것으로 기대하지 않을 것이다.

⑤ '선물 아이디어 노트'를 만들라. 배우자가 "이 선물 맘에 들어"라고 말할 때마다 반드시 기록해 둔다. 잘 들으면 선물로 줄 것들을 알 수 있다. 그러면 선물을 고를 때 도움이 된다. 아이디어를 얻기 위해 함께 좋아하는 쇼핑 사이트를 서핑하는 것도 좋다.

❻ 도움을 줄 사람을 찾는다. 배우자를 위한 선물을 어떻게 고를지 막막하다면, 배우자를 잘 아는 친구나 가족에게 도움을 청한다. 대부분의 사람들은 선물 고르는 것을 도와주는 일을 즐겨 한다. 특히 돈으로 사는 것은 더 좋아한다.

❼ 함께 있어 주는 선물을 준다. 배우자에게 "이번 달에 당신이 원하는 때에 당신과 함께 있어 주는 선물을 주겠어요. 언제가 좋은지 말하면 최선을 다할 거예요"라고 말한다. 적극적으로 준비하라. 음악회나 야구 관람을 좋아하게 될지 누가 알겠는가!

❽ 배우자에게 책을 주면서 당신도 읽겠다고 동의한다. 그리고 매주 한 장씩 토의하자고 제안한다. 내가 읽기 원하는 책을 고르지 말고 상대방이 관심 있어 하는 주제, 예를 들어 섹스, 축구, 자수, 돈 관리, 자녀 양육, 종교 등의 주제에 대한 책을 선택한다.

❾ 배우자의 생일이나 결혼기념일 등에 그가 다니는 교회나 자선 단체에 기부를 한다. 자선 단체에서 그 기부 내역을 배우자에게 알리는 카드를 보내도록 한다. 그 단체도, 배우자도 좋아할 것이다.

❿ 살아 있는 것을 선물한다. 배우자를 위해 나무를 심거나 화분을 구입한다. 정원에 나무를 심고 정성스럽게 가꾸거나, 허락된다면 공원에 나무를 심어 여러 사람이 볼 수 있게 한다. 이런 선물은 두고두고 기억될 것이다.

4

봉사

Acts of Service

미셸은 거실에 앉아 노트북 자판을 두드리고 있었다. 남편이 다용도실에서 세탁기를 돌리는 소리가 났다. 입가에 미소가 번졌다. 요즘 들어 남편 브래드는 아파트 청소를 하고, 저녁 설거지를 하고, 잔심부름을 하느라 분주하다. 미셸이 대학원 졸업 시험을 치르는 중이기 때문이다. 미셸은 감사했다. 사랑을 느낄 수 있었다.

미셸의 제1의 사랑의 언어는 내가 소위 '봉사'라고 부르는 것이었다. 봉사라 함은, 배우자가 원하는 바를 해 주는 것을 말한다. 그녀를 도와줌으로써 기쁘게 하고 그녀를 위해 무엇인가를 함으로써 사랑을 표현하는 것을 말한다. 앞장에서 본 더그도 그랬다.

요리를 하고, 식탁을 정리하고, 설거지를 하고, 옷장을 청소하고, 세

면대에서 머리카락을 끄집어내고, 거울에 붙은 오물을 닦아 내고, 쓰레기를 버리고, 기저귀를 갈아 주고, 침실에 페인트칠을 하고, 책장의 먼지를 털어 내는 것 등이 '봉사'라는 사랑의 행위들이 된다. 이러한 일들은 생각하고, 계획을 세우고, 시간을 내는 노력과 정력을 요구한다. 자발적으로 이러한 일을 하면 정말 놀라운 사랑의 표현이 될 수 있다.

"우리 부부는 너무 다릅니다"

나는 '봉사'의 능력을 노스캐롤라이나주의 차이나 그로브라는 작은 마을에서 발견했다. 차이나 그로브는 노스캐롤라이나 중앙에 위치해 있는데, 차이나베리나무로 둘러져 있는 도시이다. 인구 1,500명의 직물 산업이 발달한 도시이다. 나는 10년 이상을 인류학과 심리학과 신학을 공부하느라 그곳을 떠나 있었다. 나는 1년에 두 번씩 오랜 지기들을 만나려고 그곳을 방문했다.

신 박사와 스미스 박사를 제외하고 내가 알고 있는 모든 주민은 공장에서 일했다. 신 박사는 내과 의사이며, 스미스 박사는 치과 의사였다. 물론 블랙번 목사님도 그대로 계셨다. 차이나 그로브에 사는 대부분의 부부들은 직장과 교회를 중심으로 생활했다. 공장에서 일하는 사람들 간의 대화는 주로 감독의 결정이 그들의 직장 생활에 어떤 영향을 끼칠 것인가 하는 것이었다. 교회 예배는 주로 천국에서 누릴 기쁨에 관한 것이었다. 이 전형적인 미국의 조그만 도시에서 나는 사랑의 언어인 '봉사'

를 발견했다.

주일 예배 후에 차이나베리나무 밑에 있는데 마크와 메리가 내게 다가왔다. 나는 그들이 누군지 몰랐다. 내가 그곳을 떠나 있는 동안 자란 사람이겠거니 했다. 마크는 자신을 소개하면서 "상담을 연구하신다는 이야기를 들었습니다"라고 내게 말을 걸어왔다.

"네, 좀 했습니다"라고 했다.

그는 "한 가지 질문하고 싶은 것이 있습니다. 단 한 군데도 일치하는 구석이 없는 부부도 결혼 생활을 할 수 있습니까?"라는 것이었다.

지극히 개인적 문제를 일반적 문제인 양 묻고 있음을 나는 알아차렸다. 나는 그의 질문을 무시하고 신상에 대해 물었다.

"결혼한 지 몇 년 되었습니까?"

"2년이요. 그런데 우리 부부는 너무 다릅니다."

"예를 들면 어떤 것이지요?" 이어서 질문했다.

"저, 한 예로요. 메리는 내가 사냥 가는 것을 무척 싫어합니다. 나는 공장에서 하루 종일 일합니다. 그래서 토요일에만 사냥을 가곤 합니다. 그것도 매주 토요일이 아니라 사냥철에만 말입니다."

조용히 듣고만 있던 메리가 끼어들었다. "아니에요. 사냥철이 지나면 또 낚시하러 가지요. 토요일만 가는 것이 아니라 어떤 때는 휴가를 내서도 갑니다."

"친구들과 사냥하기 위해 1년에 한두 번 단지 2, 3일간 휴가를 내는 거예요. 그것이 큰 문제가 되지 않는다고 생각하는데요."

"그밖에 또 다른 것이 있나요?"

"네, 있지요. 그녀는 교회에 빠지지 않고 참석하는 것을 원해요. 주일 아침 예배는 그래도 괜찮아요. 하지만 저녁에는 집에서 좀 쉬고 싶어요. 그녀 혼자 가는 것은 물론 개의치 않아요. 나도 꼭 가야 한다니까 문제지요."

메리가 다시 말을 가로막았다. "당신은 내가 가는 것도 싫어했잖아요. 내가 교회에 가려고 하면 늘 빈정거리잖아요."

나무 그늘 밑에 있긴 했으나 열기가 달아오르고 있었다. 이제 막 상담가로 일하기 시작한 젊은 나이이기에 두려운 생각이 들긴 했지만 나는 계속 질문을 하며 그들의 말을 경청했다.

"그 밖에 또 다른 것이 있습니까?"

"그는 하루 종일 내가 집에 있으면서 집안일이나 하길 원하죠. 혹시 친정어머니를 뵈러 간다거나 쇼핑이라도 가면 몹시 화를 냅니다" 메리가 말했다.

"장모님을 뵈러 가는 것 자체를 싫어하는 것은 아닙니다. 다만 내가 퇴근했을 때 집안이 깨끗이 정돈되어 있기를 바랄 뿐입니다. 어떤 주에는 3, 4일씩이나 침대도 정돈하지 않고 거의 일주일의 반은 저녁 준비도 제대로 하지 않아요. 나는 힘들게 일합니다. 그러니 퇴근해서 곧장 저녁 식사를 하고 싶지요. 그런데 집은 온통 아수라장이에요."

그는 말을 이어갔다. "아이들 물건은 마룻바닥에 널려 있고 아이들도 지저분하지요. 나는 더러운 것을 몹시 싫어합니다. 그녀는 돼지우리 같은 곳에 살아도 행복한가 봐요. 우리가 사는 집은 아주 좁아요. 그러니 좀 깨끗하게 정리하고 살아야지요."

"그가 집에서 나를 좀 도와주면 안 되나요?" 메리가 물었다.

"그는 집 안에서는 아무것도 해서는 안 되는 남편처럼 행동해요. 그가 하고 싶어 하는 것은 오로지 직장에서 하는 일과 사냥뿐이랍니다. 모든 것은 내가 해야 하는 것으로 생각하지요."

계속 불만 사항을 캐내기보다 해결책을 모색해야겠다는 생각을 하면서 마크에게 질문했다.

"결혼 전 데이트할 때도 토요일마다 사냥을 갔나요?"

"거의 대부분요. 하지만 토요일 밤에는 그녀를 만나기 위해 집에 돌아왔지요. 그녀를 만나러 가기 전에 트럭을 닦기도 했고요. 더러운 트럭을 몰고 그녀를 만나러 가긴 싫었거든요."

"메리, 몇 살에 결혼했나요?"

"18살 때요. 고등학교를 졸업하고 곧 결혼했어요. 마크는 나보다 1년 먼저 졸업해 직장 생활을 했어요."

"고등학교 졸업반 때 마크는 얼마나 자주 만나러 왔나요?"

"거의 매일 밤이요. 사실 오후 내내 함께 있다가 우리 식구와 저녁도 먹고 돌아가곤 했어요. 집안일도 좀 거들어 주면서 저녁 식사 때까지 함께 앉아 이야기하곤 했지요."

"마크, 저녁 식사 후에는 둘이 무엇을 했나요?"

마크는 살짝 쑥스러워하며 "보통 남들이 하는 식으로 우리도 그랬어요"라고 말했다.

"그러나 내가 숙제를 해야 할 때는 도와주곤 했는데, 어떤 때는 1시간 이상 걸리기도 했어요. 내가 졸업반 때 크리스마스 광고를 맡았는데 그는 3주나 오후에 와서 도와주곤 했어요. 그는 대단히 열심이었지요."

화제를 좀 바꿔서 나는 세 번째로 문제가 되는 것에 대해 그들에게 물었다.

"마크, 그녀와 데이트할 때 주일 저녁에 교회에 갔었나요?"

"그럼요. 내가 교회에 가지 않는다면 그날 밤엔 그녀를 볼 수 없었거든요. 그녀의 아버지는 매우 엄격한 분이셨어요."

나는 실마리가 풀리는 기미를 느꼈으나 그들은 전혀 그런 것 같지 않았다. 메리를 향해 나는 "마크와 데이트할 때 어떤 면에서 그가 당신을 사랑하고 있다고 믿었나요? 다른 남자들과 다른 점은 무엇이었나요?"라고 물었다.

"그때 그는 모든 면에서 나를 도왔어요. 정말 열심히 도와주었어요. 다른 아이들은 아무도 그렇게 하지 않았는데 마크는 정말 자연스럽고 어색하지 않게 나를 도와주었어요. 심지어 우리 집에서 저녁 식사를 하고 나선 설거지도 했으니까요. 그는 정말 멋지고 훌륭한 친구였는데 결혼 후에는 아주 달라졌어요. 전혀 도와주지 않거든요."

마크를 쳐다보며 "결혼 전엔 왜 당신이 모든 것을 도와주었다고 생각하나요?"라고 나는 물었다.

"그녀가 나를 사랑하면 그렇게 해 주기를 바랐기 때문에 자연스럽게 그렇게 했지요."

"그렇다면 결혼하고 나서는 왜 그녀를 도와주지 않나요?"

"내 생각에는 내가 늘 보아 온 대로 한 것 같아요. 아버지는 직장에 나가고 어머니는 집에서 집안일을 했거든요. 아버지가 마루를 닦거나 설거지를 한다거나 그 밖의 집안일을 하는 것을 한 번도 본 적이 없습니다. 어머니는 집안일 외에 하는 것이 없었기에 요리를 하든지, 빨래를 하든지, 다리미질을 하든지, 무엇이든지 철저하게 했어요. 그래서 나는 당연히 지금까지 살아온 대로 되어야 한다고 생각했어요."

내가 감지하는 것을 마크도 알기를 바라면서 또 질문을 했다.

"마크, 조금 전에 내가 메리에게 질문했을 때, 그녀는 데이트 시절 언제 당신의 사랑을 느꼈다고 했지요?"

"매사에 그녀를 도와주고 함께하는 것이지요."

"그러면 당신이 일을 도와주지 않을 때 그녀가 사랑받고 있지 않다고 느끼는 것을 이해할 수 있나요?" 그는 고개를 끄덕거리고 있었다. 나는 계속 질문했다.

"결혼 생활을 해 나가면서 당신의 아버지와 어머니의 모델을 따르는 것은 자연스러운 일이지요. 대부분의 사람들도 그렇게 해요. 하지만 당신이 메리를 잘 도와주던 태도를 너무 갑자기 바꾼 것 같군요. 그러니 그녀는 당신의 사랑이 사라진 것으로 믿은 것입니다."

메리를 향해 다시 질문했다.

"내가 마크에게 '결혼 전 데이트할 때는 왜 그녀가 원하는 것을 모두

했나요?'라고 질문할 때 그가 뭐라고 대답했는지 아세요?"

"자연스럽게 그렇게 되었다고 했지요."

"맞아요. 그녀가 자기를 사랑한다면 자기를 위해 그렇게 해 주어야 한다고요. 그렇게 하는 것이 사랑을 나타내는 것이라 생각했기 때문이죠. 일단 결혼해서 같은 집에 살게 되면, 그는 당신에게 무엇인가를 기대합니다. 집을 깨끗이 청소한다거나 요리를 잘하는 것 등을 말입니다. 간략히 말해 당신의 사랑을 표현하기 위해선 그를 위해 무엇인가를 해야 합니다. 당신이 그런 일을 하는 것을 보지 못할 때, 그가 왜 당신의 사랑을 느끼지 못하는지 이해하겠어요?"

메리도 역시 머리를 끄덕거렸다. 나는 설명을 덧붙였다. "내 생각에는 두 사람 모두 서로에게 사랑을 표현하는 일을 하지 않기 때문에 결혼 생활이 행복하지 않은 것 같아요."

"박사님 말씀이 맞아요. 내가 그를 위한 수고를 그만둔 이유는 그가 항상 요구만 하는 것에 화가 났기 때문이에요. 나를 자기 어머니같이 만들려고 하는 것 같았어요"라고 메리가 말했다.

"맞아요. 억지로 하라면 좋아할 사람은 아무도 없지요. 사실 사랑은 자유롭게 주는 거예요. 사랑은 요구할 수 있는 것이 아닙니다. 서로 부탁할 수는 있지만 명령해서는 안 됩니다. 부탁은 사랑의 방법을 안내해 주지만 명령은 사랑의 흐름을 막아 버린답니다."

이때 마크가 끼어들었다.

"아내 말이 맞아요. 사실 나는 아내에 대해 실망했기 때문에 비판하면서 늘 요구했어요. 내가 심한 말을 했어요. 이제 그녀가 화가 난 이유를 알 것 같습니다."

"이쯤 되니 쉽게 풀릴 것 같습니다"라고 말하면서 나는 주머니에서 메모지 두 장을 꺼냈다. "자, 우리 이렇게 해 봅시다. 이제 교회 계단에 앉아 목록을 만들어 봅시다. 마크, 당신이 퇴근해서 집에 왔을 때 그녀의 사랑을 느낄 수 있는 일들이 무엇인지 서너 가지 열거해 봐요. 메리, 당신도 그가 어떻게 할 때 사랑을 느낄 수 있는지 서너 가지 적어 봐요."

5, 6분 지난 후 그들은 적은 목록을 내게 주었다. 그 목록은 꽤 길었다. 그들은 아주 상세하게 기록했다. 마크의 목록은 다음과 같았다.

1. 매일 침대를 정리할 것
2. 집에 들어섰을 때 아이들의 얼굴이 깨끗하게 씻겨져 있을 것
3. 퇴근하기 전에 신을 신장에 넣어 둘 것
4. 퇴근한 후 30 - 45분 안에 저녁을 먹을 수 있도록 준비할 것

나는 이 목록들을 아주 큰 소리로 읽으면서 마크에게 말했다.
"메리가 이 네 가지를 해 준다면 당신은 사랑의 행위로 여기겠군요."
"그럼요. 그렇게 해 준다면 내 태도도 바뀔 거예요."

이번엔 메리의 목록을 읽었다.

1. 내게 기대하지 말고 일주일에 한 번씩 스스로 세차할 것
2. 퇴근하여 아기의 기저귀를 갈아 줄 것. 특히 내가 저녁 준비할 때
3. 일주일에 한 번씩 청소기로 청소해 줄 것
4. 여름철에는 매주 한 번씩 잔디를 깎아 잔디가 너무 길어 내가 속이 상하지 않도록 할 것

"메리, 당신은 이 네 가지를 마크가 해 준다면 그것을 당신을 향한 진정한 사랑의 행위로 받아들일 수 있겠군요."

"그럼요. 그가 그렇게 해 준다면 정말 좋겠어요."

"마크, 괜찮겠어요? 할 수 있는 일인가요?"

"그렇고 말고요."

"메리, 마크가 쓴 목록들이 어떤가요? 할 만한 일인가요? 그렇게 하겠어요?"

"그럼요. 할 수 있어요. 과거에는 해도 해도 끝이 없어 포기했거든요."

"마크, 내가 지금 제시하는 대로 하려면 아버지와 어머니처럼 하면 안 된다는 사실을 이해하나요?"

"내 아버지는 잔디도 깎고 세차도 했는데요."

"하지만 아기 기저귀는 갈아 주지 않았고 청소도 하지 않았지요."

"맞아요. 그랬어요." 그가 말했다.

"의무적으로 할 필요는 없어요. 그러나 이러한 일들을 하면 메리에 대한 사랑의 표현이 될 것입니다." 그러고 나서 나는 메리에게 말했다.

"이러한 일들을 하지 않아도 돼요. 하지만 이제 마크에게 당신의 사랑을 표현하고 싶다면 앞의 네 가지는 굉장히 중요할 거예요. 앞으로 두 달 동안 이것들을 해 보고 어떻게 되나 봅시다. 두 달이 지난 후 더 첨가할 것이 있으면 서로 이야기하도록 합시다. 그러나 한 달에 한 가지 이상 첨가하면 안 돼요."

"정말 그럴 듯하군요"라고 메리가 말했다.

마크는 "당신이 우리를 도와주셨어요"라고 말했다. 그리고 그들은 손을 잡고 차 있는 데로 걸어 갔다.

나는 "이러한 일들을 교회가 해야 하는데. 상담가가 된 것이 참 보람 있군"이라고 독백을 했다. 차이나베리나무 아래서 있었던 일을 결코 잊을 수 없다. 여러 해 동안 연구한 후에 마크와 메리가 아주 독특한 상황을 보여 주었음을 알았다. 똑같은 사랑의 언어를 가진 부부를 만나기란 쉽지 않다. 마크와 메리는 모두 '봉사'가 그들의 제1의 사랑의 언어였다. 수많은 부부는 배우자가 자기를 위해 하는 봉사로 사랑을 느끼기에 그들의 사랑의 언어도 마크와 메리의 경우와 같다고 할 수 있다. 신발을 정리하고, 기저귀를 갈아 주고, 설거지를 하고, 세차를 하고, 청소를 하고, 잔디를 깎는 것들은 제1의 사랑의 언어가 봉사인 사람들에게는 큰 소리로 사랑의 언어를 구사하는 것이다.

마크와 메리의 제1의 사랑의 언어가 똑같은데 왜 그토록 많은 어려움을 겪었을까 의아해할 수도 있다. 그 이유는 그들이 서로 다른 언어를 구사하고 있었기 때문이다. 그들은 서로에게 무엇인가를 해 주었지만 그것들은 상대에게 중요한 것이 아니었다. 그들이 구체적으로 생각했을 때 그들의 독특한 언어를 쉽게 알아냈다. 메리에게 언어는 세차를 한다거나, 기저귀를 갈아 준다거나, 청소를 한다거나, 잔디를 깎는 것 등이었다. 반면에 마크에게는 침대를 정리하거나, 아기 얼굴을 깨끗이 닦아 주거나, 신발을 신장에 넣거나, 그가 퇴근했을 때 저녁 준비를 하고 있는 것 등이었다. 그들이 서로에게 맞는 언어를 구사하기 시작했을 때 그들의 사랑 탱크는 채워지기 시작했다.

'봉사'가 그들의 제1의 사랑의 언어였기에 서로의 언어를 배우는 것은 상대적으로 쉬웠다. 마크와 메리의 이야기를 매듭짓기 전에 세 가지 중요한 지혜를 말해야 되겠다.

첫째, 결혼하기 위해 하던 일을 결혼한 후에도 한다는 보장은 없다. 결혼 전에는 사랑에 빠진 힘으로 무엇이든지 한다. 결혼 후에는 사랑에 빠지기 전의 상태로 돌아간다. 우리가 하는 행위는 부모나, 자신의 성격이나, 사랑에 대한 이해나, 감정이나, 욕구나, 욕망 등에 의해 영향을 받는다. 한 가지 분명한 것은 사랑에 빠진 상태에서 하는 행동과 일반 상태에서 하는 행동은 같지 않다는 것이다.

둘째, 사랑은 선택이지 강요하는 것이 아니라는 것이다. 마크와 메리는 서로의 행동을 비판했지만 아무 소용이 없었다. 그러나 명령하기보다는 부탁을 하자 결혼 생활이 달라지기 시작했다. 비판과 명령은 더 멀어지게 하는 경향이 있다. 비판을 많이 하면 당신의 배우자는 당신의 뜻에 동의할 수는 있다. 당신이 원하는 것을 할 수도 있지만 그것은 사랑의 표현이 아니다. 반면에 부탁을 통해 상대방이 사랑할 지침을 줄 수 있다. 즉 "차 좀 닦아 주면 참 좋겠어요. 아기 기저귀를 갈아 주면 좋겠네요. 잔디를 깎아 주면 좋겠어요"라고 부탁할 수 있다. 그렇지만 사랑하고 싶은 의지는 불러일으킬 수 없다. 우리는 매일매일 배우자를 사랑할 것인지 아니면 사랑하지 않을 것인지 선택해야 한다. 사랑하기로 선택한다면 배우자가 요청하는 것을 함으로써 효과적으로 사랑을 전달할 수 있다.

셋째, 배우자가 내 행동을 비판할 때, 거기서 우리는 배우자의 제1의 사랑의 언어를 알 수 있다. 이것은 성숙한 사람만이 알 수 있는 것이다. 사람들은 자신의 가장 깊은 감정의 욕구가 있는 부분에 대해 배우자에게 가장 큰 소리로 비판하는 경향이 있다. 비효과적이긴 하지만 그러한 비판은 사랑을 간청하는 한 가지 방법이다. 일단 그것을 이해한다면 그 비판을 좀 더 생산적인 방법으로 받아들일 수 있다. 아내는 남편에게 비판을 받은 후, "당신에게 그것이 그토록 중요하군요. 왜 중요한지 설명 좀 해 줄 수 있어요?"라고 말할 수 있다. 비판은 가끔 명확한 설명이 필요할 수 있다.

그렇게 대화를 시작하면 점진적으로 명령보다는 부탁으로 바뀌게 된다. 마크가 사냥하는 것을 메리가 계속 비난한 것은 사냥 자체가 싫어서가 아니다. 세차도 하지 않고, 청소도 하지 않게 만들기 때문에 싫어한 것이다. 그녀의 사랑의 언어를 터득하고 그 요구를 들어주자 그녀는 사냥을 허락하게 되었다.

현관 깔판인가 아니면 사랑하는 사람인가?

"나는 20년간이나 그를 섬겼습니다. 손발이 닳도록 시중을 들었어요. 그러나 그는 내 친구와 가족 앞에서조차 나를 무시하고 함부로 대하고 멸시했습니다. 현관 깔판처럼 나를 짓밟았습니다. 내가 그를 미워하는 것은 아니에요. 난 그를 아프게 하고 싶진 않아요. 하지만 원통합니다. 더 이상 그와 함께 살고 싶지 않습니다."

이 부인은 20년간이나 봉사를 해 왔으나 그것은 사랑의 표현이 아니었다. 두려움과 죄책감 때문에 한 것이었다. 깔판은 생명이 없는 물건이다. 신발을 문지르든지 발로 차든지 아무렇게나 할 수 있다. 그것은 자기 의지가 없다. 당신은 그것을 사용할 수는 있으나 사랑하지는 않는다. 배우자를 물건처럼 취급하는 것은 사랑의 가능성을 배제시키는 것이다.

"훌륭한 배우자라면 나를 위해 이렇게 해야지"라는 식으로 죄책감을 통해 조정하는 것은 사랑의 언어가 아니다.

"이것을 해야지. 그렇지 않으면 좋지 않을걸"이라고 겁을 주는 것도 사랑과는 거리가 멀다. 깔판이 되고 싶은 사람은 아무도 없다. 때로 이용당하도록 허용하기도 하지만 사실 우리는 감정과 생각과 소망을 가진 피조물이다. 또 우리는 의사 결정을 하고 행동을 취할 능력이 있다. 상대방이 이용하거나 조종하도록 허락하는 것도 사랑의 행위가 아니다. 사실 이것은 불성실한 행위이다. 비인간적 습관을 계속하도록 내버려 두는 것이다. 사랑은 "당신을 사랑하기에 내게 이렇게 하도록 내버려 두지 못해요. 이러는 것은 당신이나 나에게 좋지 않아요"라고 말한다.

'봉사'라는 사랑의 언어를 배우기 위해서는 남편이나 아내의 역할에 대한 고정관념을 다시 검토할 필요가 있다. 이 고정관념은 변하고 있다. 그러나 과거의 관념이 남아 있을 수도 있다. 마크처럼 우리 대부분도 그럴 수 있다. 그는 부모의 역할 모델을 따르긴 했지만 그것도 제대로 한 것은 아니었다. 그의 아버지는 세차도 했고 잔디도 깎았다. 그러나 마크는 그렇게 하지 않으면서 남편이 할 일은 이런 것이라는 이미지를 가지고 있었다. 남자가 청소를 한다거나 아기 기저귀를 갈아 주는 일 따위는 생각하지 않았다. 이제 마크는 그러한 일들이 메리에게 매우 중요하다는 것을 알고 그의 고정관념을 깼다.

배우자의 제1의 사랑의 언어가 내가 보기에 부자연스러운 것을 요구한다 해도 그것을 해야 한다. 지난 40년간 사회적으로 너무나 많이 변했기에 남자와 여자의 역할이라는 고정관념에 더 이상 매달릴 필요가 없다. 그렇다고 해서 모든 고정관념이 사라졌다는 말은 아니다. 오히려 고정관념이 증가되었다는 것이 더 옳을 것이다. 미디어의 영향이 적었던 시대에는 남편이나 아내가 해야 할 일에 대한 생각은 부모에 의해 많은 영향을 받았다. 그러나 텔레비전의 보급, 교통 통신의 발달, 사회적 다양성, 싱글 부모의 증가 등으로 역할 모델이 가정 밖의 요소에 의해 영향을 받기도 한다. 아무튼 부부의 역할에 대한 생각은 부부가 서로 다를 가능성이 높다. 그러므로 사랑을 효과적으로 표현하기 위해서는 고정관념을 점검하고 고칠 필요가 있다. 고정관념을 고집한다고 이익이 될 것은 하나도 없지만 배우자의 감정적 욕구를 만족시켜 주면 놀랄 만한 유익이 있음을 명심하라.

최근에 어떤 부인이 찾아와 "채프먼 박사님, 내 친구 모두에게 당신의 세미나에 참석하라고 권하고 싶어요"라고 말했다.

나는 "아니 무슨 생각으로 그런 말씀을 하시나요?"라고 물었다.

"그 세미나가 우리 부부의 결혼 생활을 근본적으로 변화시켰거든요. 세미나에 참석하기 전에 바비는 한 번도 나를 도운 적이 없었어요. 대학 졸업 후 두 사람 다 직장 생활을 했는데 집안일은 늘 내 몫이었죠. 집에서 나를 도와야 한다는 것을 그는 생각조차 못했어요. 그런데 세미나에 참석하고 나서 그가 '여보, 오늘 저녁에 내가 도울 게 좀 없을까?' 하는 것이었어요. 깜짝 놀랐어요. 처음에는 믿을 수 없었지만 지금까지 3년 동안 그렇게 하고 있어요.

처음에는 어떻게 할 줄을 몰라 우스운 일들이 생겼지요. 그가 처음 세탁을 할 때 보통 세제를 쓰는 대신 원액의 표백제를 썼어요. 파란 수건이 하얀 반점투성이로 변했죠. 설거지통에 있는 쓰레기 분쇄기를 처음 사용했을 때는 배수구에서 비누 거품이 나오는 거예요. 분쇄기를 끈 후 내가 손을 배수구에 집어넣어 비누 조각을 꺼낼 때까지 그는 왜 그러는지 몰랐어요.

하지만 그가 내 사랑의 언어로 사랑해 주어서 내 사랑 탱크는 꽉 차게 되었습니다. 이제는 집안일에 익숙해져 나를 잘 도와주고 있어요. 내가 집 안에서 할 일이 줄어드니 부부 시간을 많이 가지게 되었어요. 나도 그의 사랑의 언어를 알고 실천하다 보니 그의 사랑의 탱크도 가득 차 있게 되었어요."

정말 그렇게 간단한 것인가? 물론이다. 하지만 쉬운 일은 아니다. 바비는 35년 동안 가졌던 고정관념을 깨는 데 눈물 나는 노력을 해야만 했다. 쉽게 이루어지는 것은 아니지만 배우자의 제1의 사랑의 언어를 배워 구사하기 시작하면, 당신의 결혼 생활에 놀라운 변화를 가져온다는 사실을 바비는 웅변하고 있다. 이제 우리는 다음 사랑의 언어로 넘어갈 것이다.

생각하기

봉사는 대체로 집안일을 돕는 것이지만 그것이 전부는 아니다.
그 외의 방법에는 어떤 것이 있는가?

TIP!

배우자의 사랑의 언어가 **봉사일 경우,**

① 지난 몇 주 동안 배우자가 요청한 일의 목록을 만든다. 이 중에서 한 가지를 선택하여 사랑의 표현으로 사용한다.

② 다음 글이 담긴 카드를 만든다.

"오늘 나는 당신을 향한 나의 사랑을 _____ 으로 표현하겠소." 예를 들면 이런 것이다. '공과금을 내줌으로써', '고장 나 있는 것을 수리함으로써', '마당 청소를 함으로써.' 그동안 미루고 미루었던 것이면 효과가 더 클 것이다. 앞으로 한 달 동안 3일마다 사랑의 행위를 하면서 사랑의 쪽지를 준다.

③ 배우자에게 앞으로 한 달 동안 해 주기 원하는 일의 목록을 만들어 달라고 한다. 그리고 그것의 우선순위를 1번부터 10번까지 매겨 달라고 한다. 그것을 이용해 한 달 동안 사랑을 실천할 계획을 세운다.

④ 배우자가 밖에 있는 동안 아이들과 함께 그를 위한 봉사의 활동을 한다. 그가 집으로 들어오면 아이들과 함께 "사랑해요, 당신!" 하고 외치면서 깜짝쇼를 한다. 그리고 봉사한 일을 이야기한다.

⑤ 배우자가 잔소리처럼 늘 요구하는 봉사 행위는 어떤 것인가? 그 '잔소리'를 '감사 소리'로 바꿀 의향은 없는가? 그것을 당신에게 요구하는 것은 본인에게 정말 중요한 일이기 때문이다. 사랑의 표현으로 이 일을 해 준다면 1,000송이 장미꽃보다 더 가치가 있을 것이다.

❻ 당신의 요구가 배우자에게 잔소리나 비판하는 것으로 들리는 것 같으면, 귀에 거슬리지 않도록 글로 써서 보여 주는 시도를 한다. 표현을 잘 다듬어 보여 주도록 한다. 예를 들어 "정원이 너무 멋져요. 수고해 주어 정말 고마워요. 이번 주에 손님이 올 텐데 그 전에 잔디를 깎아 주면 고맙겠어요"라고 하는 것이다. 아마 그러면 남편은 당장 "잔디 깎는 기계가 어딨지? 즉시 해야 되겠는걸." 하고 반응할 것이다.

❼ 집 안을 사무실처럼 꾸미는 봉사를 해 본다. 거기에 "사랑하는 _____씨에게"라는 멘트와 자신의 사인이 들어 있는 간판을 만들어 붙인다.

❽ 시간은 없지만 돈의 여유는 있다면 사람을 사서 배우자가 원하는 봉사의 행위를 한다. 예를 들어 정원 가꾸기 혹은 집안 대청소 등이다.

❾ 사랑을 표현하기 위해 매일 할 수 있는 봉사 활동을 말해 달라고 부탁한다. 매일의 일과 계획에 그것을 집어넣는다. '작은 일'이지만 큰 의미를 지닐 수 있다.

5

스킨십

Physical
Touch

우리는 스킨십이 사랑을 전달하는 방법 가운데 하나라는 사실을 잘 알고 있다. 아동 발달 과정을 연구한 많은 보고서에 따르면, 스킨십을 전혀 하지 않고 지낸 아이들보다는 안아 주거나 키스를 해 준 아이들이 정서적으로 훨씬 건강하게 자란다고 한다.

스킨십은 부부의 사랑을 전달하는 강력한 도구다. 손을 잡아 주거나, 키스를 하거나, 포옹하거나, 성관계를 갖는 것 등은 배우자에게 사랑을 전달하는 수단이다. 특히 어떤 이에게는 스킨십이 제1의 사랑의 언어일 수 있다. 그런 사람은 스킨십이 없으면 사랑을 느낄 수 없다. 스킨십을 할 때만 사랑 탱크가 가득 차게 되어 배우자의 사랑을 흠뻑 느낀다.

접촉의 힘

인간의 다섯 가지 감각 가운데 다른 네 개와는 달리 촉각은 신체의 한 부분에만 국한된 것이 아니다. 신체 전반에 아주 작은 촉감들이 퍼져 있다. 이런 곳을 접촉하면 신경을 통해 뇌에 자극이 전달된다. 뇌는 이런 자극을 해독하여 그것이 더운지, 찬지, 딱딱한지, 부드러운지를 우리가 감지하게 한다. 그것이 고통을 줄 수도 있고 기쁨을 줄 수도 있다. 또한 그것을 통해 사랑을 느끼거나 혐오감을 느끼기도 한다.

신체의 어떤 부분은 다른 곳보다 더 민감하다. 아주 작은 감각점이 신체 전반에 골고루 퍼져 있지 않고 어떤 부분에 집중적으로 뭉쳐 있기 때문이다. 그래서 혀끝은 등 뒤보다 더 민감하다. 손가락 끝이나 코끝도 역시 아주 민감하다. 그러나 우리의 관심은 감각의 신경학적 이해가 아니라 심리학적 중요성이다.

스킨십은 관계를 형성하기도 하고 파괴하기도 한다. 사랑하게도 하고 미워하게도 한다. 제1의 사랑의 언어가 '스킨십'인 사람에게는 "미워요" 혹은 "사랑해요"라는 표현보다 스킨십으로 표현하는 메시지가 훨씬 크게 들린다. 어떤 아이의 따귀를 한 대 때리는 것은 보통의 경우도 나쁜 것이지만 그 아이의 제1의 사랑의 언어가 스킨십인 경우는 아주 치명적이다. 부드럽게 안아 주는 것은 사랑을 전달하는 좋은 방법인데, 그 아이의 제1의 사랑의 언어가 스킨십인 경우라면 그 이상 더 좋은 사랑의 표현 방법은 없다.

성인들의 경우도 마찬가지이다. 결혼 생활에서 접촉에는 여러 형태가 있을 수 있다. 감각점은 신체 전반에 퍼져 있기 때문에 당신의 배우자를 어떤 곳이든지 사랑스럽게 매만지는 것은 일종의 사랑의 표현이 된다. 그러나 모든 접촉이 다 같은 것은 아니다. 접촉하는 곳에 따라 즐거움의 정도가 다를 수 있다. 물론 여기에 있어서 가장 좋은 안내자는 배우자다. 사랑할 사람이 바로 그녀이기에 더욱 그렇다. 어느 곳이 사랑의 접촉인지는 그녀가 안다. 당신 마음 내키는 대로 아무 때나 접촉하려 들지 말라. 그녀의 방식으로 사랑을 표현하라. 어떤 접촉은 불편하게 하거나 귀찮게 한다. 그런 접촉을 계속하면 사랑을 정반대로 표현하는 결과를 낳는다. 당신이 그녀의 욕구에 민감하지 못하면 그녀가 좋아하는 것에는 관심이 없음을 나타내는 행위가 된다. 내가 좋아하는 접촉을 배우자도 좋아한다고 생각하는 실수를 범하지 말라.

등을 어루만지거나 성관계에서의 전희나 절정과 같은 사랑의 접촉은 노골적이고 온 정신을 집중해야 한다. 반면에 커피를 따라 주면서 그의 어깨에 손을 가볍게 얹거나 부엌으로 지나치면서 그를 잠시 만지는 것 등은 은근히 하는 것이고 한순간이면 족하다. 노골적인 사랑의 접촉은 많은 시간이 필요한데, 실제로 접촉하는 것은 물론 이것을 통해 사랑이 잘 전달되는지 알아야 하기 때문이다. 어깨를 주물러 주는 것을 배우자가 좋아하면 마사지를 배울 필요가 있다. 성관계를 갖는 것이 배우자의 제1의 사랑의 언어라면 성관계를 원활하게 하는 기술에 대해 읽고 토의하는 것도 사랑을 전달하는 수단이 된다. 은근히 하는 사랑의 행위는 시간이 적게 들긴 하나 많은 생각이 요구된다. 특별히 스킨십이 배우자의 제1의 사랑의 언어가 아니거나 접촉하는 것이 자연스러운 가정에서 성장하지 않았다면 더욱 그렇다. 따로 시간을 들이지 않고도 함께 소파에 앉아 텔레비전 프로그램을 보면서 사랑을 크게 표현할 수 있다. 방으로 걸어 들어가면서 소파에 앉아 있는 배우자를 가볍게 잠깐 만질 수도 있다. 집을 나설 때나 집에 돌아와서 간단한 키스나 포옹으로 사랑을 크게 전달할 수도 있다.

일단 배우자의 제1의 사랑의 언어가 스킨십인 것을 발견하면 자신의 상상력을 최대한 발휘해 다양한 방법으로 사랑을 표현하면 된다. 새로운 접촉 방식이나 장소를 개발하면 더 좋아할 것이다. 당신이 식탁 밑으로 만지는 사람이 아니라면 함께 외식할 때 한번 시도해 보라. 그 효과를 확실히 볼 것이다. 당신이 사람들이 보는 앞에서 배우자의 손을 잡는 것에 익숙하지 못하다면, 주차장같이 인적이 드문 곳에서 배우자의 손을 잡고 걸으면서 그의 사랑 탱크를 채워 줄 수 있다. 아내가 쇼핑을 가려고 할 때 포옹해 주면 사랑이 전달될 뿐 아니라 아내가 더 빨리 집으로 돌아오는 효과도 있을 것이다.

새로운 방법을 자꾸 시도하면서 그것이 좋은지 아니면 싫은지 물어보라. 꼭 기억할 것은 그가 판단해야 한다는 것이다.

몸은 스킨십을 기다린다

사람은 육체를 벗어나 살 수 없다. 나의 몸을 만지는 것은 바로 나를 만지는 것이다. 내 몸으로부터 멀어진다는 것은 바로 나로부터 감정적으로 멀어진다는 말이다. 우리가 서로 악수를 하는 것은 상호 간에 마음을 열고 가까워지는 것을 의미한다. 그런데 어떤 경우에 악수를 거절하기도 하는데 이는 그들의 관계가 좋지 않음을 시사한다.

어느 사회이든 몸을 접촉하는 인사 방식이 있다. 보통 미국 남자들은 유럽식의 포옹이나 키스에 익숙하지 못하지만 유럽 사람들도 역시 미국식의 악수에 익숙하지 못하다. 어떤 사회든지 이성 간에 허용되는 신체 접촉이 있고 그렇지 않은 접촉이 있다. 최근에 문제 되는 성희롱은 적절하지 못한 접촉에 대한 좋은 본보기이다. 하지만 결혼이라는 테두리 안에서는 대체로 배우자와 상호 간에 모든 것이 결정된다. 물론 신체적으로 학대하는 것은 사회적으로 용납되지 않기에 '매 맞는 아내'나 '매 맞는 남편'을 도와주는 사회 기관이 있다. 다시 말하지만 우리의 몸은 만질 수는 있지만 학대할 수는 없다.

우리는 성적으로 개방적이고 자유로운 시대에 살고 있다. 그 여파로 배우자가 아닌 사람과의 성관계를 허용하는 열린 결혼을 꿈꾸기도 한다. 그러나 이처럼 도덕적 기준을 무시하는 사람들은 결국 감정도 무시하게 된다. 사랑과 친밀함에 대한 욕구는 배우자가 그런 자유를 갖도록 허용하지 않는다. 배우자가 다른 사람과 성관계가 있음을 알게 되면 우리의 감정적 고통은 심히 크고 그 때문에 배우자와의 친밀함은 사라진다. 상담가들의 서류함은 바로 이런 배우자의 부정으로 인한 감정적 충격을 치유하려는 상담 자료들로 가득 차 있다. 더욱이 제1의 사랑의 언어가 스킨십인 사람들에게는 이 문제가 더 심각하다. 자기가 그토록 갈망하는 사랑(스킨십으로 표현하는 사랑)이 다른 사람에게 주어진 것이다. 그러면 그의 사랑 탱크는 텅 비게 될 뿐 아니라 폭발할 지경에 이르게 된다.

이런 감정적 욕구를 해결하기 위해서는 엄청난 노력이 든다.

위기와 스킨십

사람은 위기의 순간에 본능적으로 서로 껴안는다. 신체 접촉으로 아주 강력하게 사랑을 전달할 수 있기 때문이다. 다른 어떤 때보다 위기의 순간에 사랑이 필요하다. 위기가 닥치는 것은 어쩔 수 없지만 사랑을 받으면 그것을 헤쳐 나갈 수 있다.

결혼 생활을 하다 보면 위기를 맞게 된다. 부모와의 사별은 피할 수 없는 일이다. 자동차 사고도 수없이 일어난다. 질병도 사람을 가리지 않고 찾아온다. 좌절은 삶의 일부분이 되었다. 이러한 위기의 순간에 배우자를 위해 할 수있는 가장 중요한 일은 사랑하는 것이다.

당신 배우자의 제1의 사랑의 언어가 스킨십이라면 울고 있는 배우자를 껴안아 주는 것 이상 좋은 사랑의 표현은 없다. 이때 말로 하는 위로는 별 의미가 없지만 스킨십은 상당한 효과가 있다.

위기의 순간은 사랑을 표현할 기회다. 따뜻한 사랑의 접촉은 그 위기가 지나간 후에도 오랫동안 기억된다. 반대로 그렇게 하지 않는 경우 역시 결코 상대방이 잊지 않을 것이다.

"결혼이 이런 건 아니잖아요"

오래전 플로리다 웨스트 팜 비치에서 결혼 생활 세미나를 한 후, 계속 그 지역에 초대를 받고 있다. 그곳에서 피트와 페시를 만났다. 그들은 플로리다 출신은 아니지만 그곳을 고향이라 여기며 20년 이상을 살고 있었다.

어느 교회가 주최하는 결혼 생활 세미나였는데 공항에 마중 나온 목사님이 피트와 페시라는 부부가 그날 밤 나를 자기 집에 머무르게 하고 싶어 한다는 이야기를 했다. 나는 기분이 좋은 척했지만 사실 그런 초대에 응하게 되면 밤늦도록 상담을 해야만 한다.

스페인풍으로 잘 꾸며진 집을 목사님과 함께 들어서니 페시와 고양이가 우리를 맞았다. 집을 돌아보면서 나는 피트가 하는 사업이 아주 잘되고 있거나 그의 아버지가 많은 유산을 남겼거나 엄청난 빚을 지고 있을 거라는 생각이 들었다. 나중에 보니 첫 번째 예감이 맞았다. 손님방을 보여 주기에 가 보니 찰리라는 고양이가 내가 쉴 침대 위에 드러누워 있었다. 나는 '이거 고양이 세상이로군.' 하고 생각했다.

피트가 곧 퇴근했기에 간단한 간식을 들면서 세미나가 끝난 후 저녁 식사를 함께하기로 했다. 몇 시간 후 저녁 식사를 같이하면서 나는 무슨 상담을 요청하려나 하고 내심 기다렸다. 하지만 아무 말이 없었다. 오히려 그들은 아주 행복한 부부로 보였다. 이런 일은 정말 흔하지 않다. 나는 그들의 비밀을 캐고 싶었지만 몹시 피곤했다. '내일이면 세미나가 끝나고 이들이 나를 공항으로 곧장 데려다줄 텐데'라고 생각하면서 관찰을 계속하기로 했다. 세미나가 끝나고 우리는 45분 정도 걸리는 공항으로 가는 차를 함께 타게 되었다. 피트와 페시가 자신들의 이야기를 털어놓기 시작했다. 결혼 초기에 그들은 말로 표현할 수 없는 어려움을 겪었다고 했다. 그들은 같은 교회에 다니면서 또 같은 고등학교를 졸업하기까지 같은 마을에서 성장했다. 그들의 부모 역시 비슷한 생활 수준과 가치관을 가졌다. 그들이 즐기는 것도 비슷했다. 테니스와 보트 타기를 좋아했으며, 가끔 같은 관심을 가진 것이 얼마나 많은지 이야기하기도 했다. 그들은 결혼 생활에서 오는 갈등 같은 것은 상상하지 못할 정도로 비슷한 것이 너무도 많았다.

그들은 고등학교 졸업반 때부터 데이트를 시작했다. 대학은 서로 다른 곳을 다녔지만 자주 만났다. 그가 경영학 학위를, 그녀는 사회학 학위를 받은 지 3주일이 지난 후 그들은 결혼했다. 결혼한 지 두 달 후, 피트가 좋은 직장을 갖게 되어 플로리다로 이사하게 되었다. 가족과 친지가 사는 곳에서 2천 마일이나 떨어진 곳이었다. 그들은 영원히 '신혼'을 즐기리라 생각했다. 처음 3개월은 이사하고 새 아파트를 구하는 등 함께 사는 것이 무척 행복했다.

약 6개월이 지난 후 페시는 피트와의 관계가 소원해지는 것을 느꼈다. 그는 직장에 있는 시간이 길어졌고 집에 있을 때도 컴퓨터 앞에서 상당한 시간을 보냈다. 참다 못해 자기를 피하는 것 같다고 감정을 표현하자 그는 피하는 것이 아니라 자기 일에 충실할 따름이라고 했다. 그는 그녀가 자신이 일에서 받는 압박을 이해하지 못하고 더욱이 직장에서의 첫 1년이 얼마나 중요한지 모른다고 했다. 페시는 기분이 상했지만 두고 보기로 했다.

페시는 같은 아파트에 사는 여러 부인들과 친해지기 시작했다. 가끔 남편이 늦게 퇴근하는 것을 미리 알면 친구들과 쇼핑한 후 집에 돌아왔다. 어떤 때는 남편보다 늦게 돌아오기도 했다. 이때 그는 몹시 화를 내며 생각 없이 무책임하게 행동한다고 비난했다. 그러면 페시는 되받아서 "누가 할 소린지 모르겠군요. 누가 무책임하다고요? 당신은 언제 퇴근하는지 전화도 하지 않잖아요. 당신이 언제 퇴근하는지도 모르는데 어떻게 늘 기다리고만 있겠어요? 그리고 당신은 집에 있어도 항상 저 멍텅구리 컴퓨터 앞에만 있잖아요. 당신은 아내가 필요 없어요. 컴퓨터만 있으면 되잖아요!"라고 응수했다. 피트가 큰 소리로 "난 아내가 필요해. 당신 모르겠어? 그게 바로 우리의 문제야. 나는 아내가 필요하다고"라고 했다.

그렇지만 페시는 이해하지 못했다. 그녀는 극도로 혼란스러웠다. 그 문제를 해결하려고 도서관에 가서 결혼 생활에 관한 책들을 빌려다 읽었다. '결혼이 이런 것이 아닌데, 해결책을 찾아야 돼'라고 생각했다. 피트가 컴퓨터 방으로 들어가면 페시는 책을 집어 들었다. 어떤 날은 자정이 넘도록 책을 읽었다. 그러면 남편은 잠자러 가다 그녀가 독서하는 모습을 보고 조소하듯이 "당신, 대학 다닐 때 그렇게 열심히 공부했으면 전 과목 A학점을 받았을 거야"라고 했다. 그러면 페시는 "나는 지금 대학생이 아니에요. 나는 지금 결혼 생활을 하고 있고 C학점만 되면 만족하겠어요"라고 대꾸했다. 피트는 더 이상 아무 말 없이 침실로 갔다.

결혼 생활 1년쯤 되었을 때 페시는 절박했다. 이전에도 한 얘기지만 다시 그녀는 차분히 피트에게 "우리 결혼 생활 상담을 받아야겠어요. 함께 가지 않을래요?"라고 물었다. 그러자 피트는 "난 상담이 필요하지 않아. 상담받을 시간도 없고. 결혼 생활 상담 같은 거 필요 없다니까"라고 했다. "그럼 나 혼자라도 갈래요"라고 페시가 말하자 "좋아. 상담이 필요한 건 당신이니까"라고 피트가 대꾸했다. 대화는 이렇게 끝났다. 페시는 정말 외로웠으며, 다음 주에 결혼 생활 상담가를 만나기로 했다. 세 번에 걸친 상담이 끝난 후 상담가는 피트에게 전화를 걸어 결혼 생활에 대해 어떤 생각을 갖고 있는지 알고 싶다고 했다. 피트는 그의 말에 동의해 치유 과정을 진행시켰다. 6개월 후 새로워지는 결혼 생활을 보며 그들은 그 사무실을 나섰다.

나는 피트와 페시에게 "상담을 통해 무엇을 배웠나요?"라고 물었다. 피트가 "채프먼 박사님, 사실 우리는 서로의 사랑의 언어를 구사하는 것을 배웠어요. 상담가가 그 용어를 사용하진 않았지만 오늘 강의에서 바로 그것임을 알았지요. 그때 받은 상담을 생각하면서 그것이 어떻게 우리의 결혼 생활에 영향을 미쳤는지 깨달았어요. 결국 우리 부부는 서로의 사랑의 언어를 말하게 되었어요"라고 대답했다.

"그럼 당신의 사랑의 언어는 무엇이지요?"라고 나는 물었다.

"스킨십이에요"라고 주저 없이 대답했다. "스킨십이 확실해요"라고 페시가 대꾸했다. "그러면 페시, 당신은?"

"함께하는 시간이에요. 그가 직장 일과 컴퓨터에 매달려 있을 때 내가 그토록 원하던 것이었지요."

"스킨십이 그의 사랑의 언어라는 사실을 어떻게 알았나요?"

"그것을 알기까지 오래 걸렸어요. 상담을 받으면서 서서히 드러났어요. 처음에는 피트 자신도 몰랐어요"라고 페시가 말했다.

"그녀 말이 맞아요. 나 자신에 대해 자신감이 없었기 때문에 아내가 스킨십을 하지 않아 소원하게 된다는 것을 알거나 인정할 수 없었어요. 마음속으로는 간절히 그것을 원했지만 그녀에게 솔직히 말을 못했어요. 데이트할 때는 포옹을 하건, 손을 잡건, 키스를 하건, 언제나 내가 먼저 했고 그녀는 거기에 반응을 나타냈어요. 그녀가 나를 사랑하는 것을 느꼈지요. 그런데 결혼하고 나서는 내가 접촉을 시도해도 그녀는 별 반응이 없었어요. 아마 새로운 직장 일로 몹시 피곤하기 때문이라고 생각했지요. 잘 몰랐지만 단지 혼자 속으로 그렇게 생각했어요.

내게 매력을 느끼지 못한다고 생각했습니다. 그래서 내가 먼저 행동을 취하지 않기로 했습니다. 거절당하는 게 싫었거든요. 그녀가 먼저 키스를 하거나 만지거나 성관계를 요구해 올 때까지 기다렸어요. 어떤 때는 6주간이나 아무 접촉 없이 지내기도 했어요. 나는 견딜 수 없었어요. 그녀와 함께 있을 때 느끼는 아픔이 너무 컸기에 그녀를 더 멀리하게 됐지요. 거절당하고 무시당하고 사랑받지 못한다고 느꼈어요." 피트가 말했다.

그때 페시가 끼어들었다. "저는 그가 무엇을 어떻게 느끼는지 전혀 몰랐어요. 그가 나를 거들떠 보지도 않는다는 사실만 알았어요. 이전처럼 포옹이나 키스는 하지 않았지만 결혼하고 나니 그런 것들이 그에게 별로 중요하지 않은 모양이라고 생각했어요. 직장 일에 시달리는 것을 알았으니까요. 내가 먼저 시도하기 바란다는 것은 생각지도 못했지요.

서로 만지지도 않고 몇 주를 지내기도 했어요. 그게 내겐 별로 대수롭지 않았어요. 나는 음식을 준비하고 집안 청소를 하고 빨래를 하면서 남편과 떨어져 지내려고 노력했어요. 솔직히 이외에 무엇을 해야 할지 몰랐어요. 그가 나를 소홀히 대하고 무관심한 것을 이해할 수 없었어요. 분명히 나는 스킨십을 싫어하는 것은 아닙니다. 단지 그것이 내게 별로 중요하지 않을 뿐이지요. 나와 함께 시간을 보내는 것으로 사랑받고 격려해 주고 관심을 가져 주는 것으로 느끼거든요. 키스나 포옹은 상관이 없었어요. 그가 내게 관심을 가져 주기만 하면 사랑받는 것 같지요.

그 문제의 근원을 알기까지 오랜 시간이 걸렸지만 일단 알고 나니 모든 것이 순조로워지더군요. 내가 먼저 스킨십을 시도하자 그가 좋아하는 것을 알았어요. 그의 성격과 태도가 놀라울 정도로 변했습니다. 전혀 새로운 남편이 된 것 같았어요. 내가 사랑한다는 확신을 그에게 심어 주니 그도 내 요구에 더 신경을 쓰더군요.

오늘 세미나에서 그동안의 결혼 생활을 돌이켜 보면서 참으로 감회가 새로웠습니다. 박사님이 20분간 말씀한 것을 우리는 6년이나 걸려 배웠습니다"라고 말했다.

"그렇지만 빨리 배우는 것보다 잘 배우는 것이 더 중요합니다. 그런데 당신들은 너무나 잘 배웠습니다"라고 나는 말했다.

피트는 스킨십이 제1의 사랑의 언어인 많은 사람 중의 한 명이다. 그들은 배우자가 먼저 자신에게 스킨십을 시도해 주기를 갈망한다. 머리를 쓰다듬고, 등을 만지고, 손을 잡아 주고, 껴안고, 성관계를 맺는 것 등의 '사랑의 접촉'은 제1의 사랑의 언어가 스킨십인 사람들에게는 감정의 생명줄과 같다.

생각하기

두 사람 사이의 친밀함을 증진시켜 주었던 스킨십(성관계 제외)에는 어떤 것이 있는가? 무엇 때문에 그것이 특별했는가?

TIP

배우자의 사랑의 언어가 **스킨십일 경우,**

① 차에서 내려 쇼핑센터로 들어갈 때 배우자의 손을 잡아 준다.

② 함께 식사할 때, 무릎이나 다리를 들어 배우자와 접촉한다.

③ 아침에 배우자를 깨우면서 "요즘 내가 당신을 사랑한다고 말했던가?"라고 말한다. 팔로 안고 등을 쓰다듬으면서 "당신이 최고야!"라고 계속한다. 그러나 그 이상 진행 시키고 싶은 유혹에 넘어가지 않는다. 포옹을 마치고 다음 일을 한다.

④ 배우자가 앉아 있을 때, 뒤로 가서 어깨를 주물러 준다.

⑤ 교회에서 함께 예배드릴 때, 기도 시간에 손을 잡아 준다.

⑥ 가족이나 친구가 보는 앞에서 배우자에게 스킨십을 한다. 대화하면서 팔로 안거나 간단히 어깨 위에 손을 얹으면서 "이 집에 많은 사람이 있어도 당신만 보여요"라고 말한다.

⑦ 배우자가 집에 돌아올 때, 평소보다 한걸음 빨리 반갑게 맞이한다. 중요한 것은 늘 같은 방식으로 하지 않고 작은 '접촉 경험'을 하게 하는 것이다.

The Five Love
Languages

6

나의
사랑의 언어를
아는 법

✳

배우자의 사랑 탱크를 가득 채우기를 원한다면 반드시 그의 제1의 사랑의 언어를 알아야 한다. 그러기 전에 우선 당신 자신의 사랑의 언어를 알아야 한다. 지금까지 5가지 사랑의 언어에 대해 이야기했다.

<u>인정하는 말</u>

<u>함께하는 시간</u>

<u>선물</u>

<u>봉사</u>

<u>스킨십</u>

배우자나 자신의 제1의 사랑의 언어를 즉시 아는 사람도 있지만 어떤 이에게는 이것이 쉽지 않을 것이다. 마커스처럼 "나는 전혀 모르겠어요. 내게는 두 가지가 똑같이 해당되는 것 같아요"라는 식으로 말하는 사람도 있다.

"두 가지요?" 내가 물었다.

"'스킨십'과 '인정하는 말'이 똑같아요."

"스킨십이라면 어떤 의미지요?"

"주로 성관계입니다"라고 마커스가 대답했다.

"성관계를 갖지 않더라도 아내가 당신의 머리카락을 쓰다듬어 주거나 아니면 등을 만져 주고 손을 잡아 주거나 키스하고 포옹해 줄 때는 좋지 않던가요?"라고 나는 더 자세히 물었다.

"그런 것들도 좋아해요. 하지만 성관계가 중요합니다. 그때는 아내가 정말 나를 사랑하고 있다는 것을 느끼니까요."

이번에는 스킨십이라는 데서 말머리를 돌려 인정하는 말에 대해 질문했다.

"'인정하는 말'이라고 할 때 당신은 무슨 의미로 그렇게 말했나요?"

"긍정적인 말은 다 좋아하지요"라고 마커스가 대답했다.

"아내가 내게 참 멋있다고 하거나, 지혜롭다고 하거나, 열심히 일한다고 할 때 참 좋아요. 또 내가 집에서 하는 모든 일을 칭찬해 줄 때도 그렇고요. 아이들과 같이 시간을 보내는 것에 대해 고마워할 때도 기뻐요. 이렇듯 많은 칭찬을 받으면 그녀가 나를 사랑하고 있다고 느낍니다"라고 마커스가 말했다.

"자라면서 부모님으로부터 이런 말을 많이 들었나요?"

"자주 듣지 못했어요. 부모님께 들은 말은 대부분 비판하는 말이거나 요구 사항들이었어요. 생각해 보니 앨리샤가 나에게 인정하는 말을 들려준 것 같아요. 그래서 그녀에게 고마움을 느끼나 봐요"라고 말했다.

"하나 물어보겠습니다. 당신이 원하는 성관계를 앨리샤가 흡족하게 해 주면서 한편으로는 부정적 말을 하거나, 비판하거나, 심지어 타인 앞에서 면박을 주어도 사랑받고 있다고 느끼나요?"

"그렇지는 않아요. 배신감을 느끼거나 몹시 상심해 절망감을 느낄 거예요."

"마커스, 내 생각에는 당신의 제1의 사랑의 언어는 '인정하는 말'이지만 성관계는 당신이 앨리샤와의 친밀감을 느끼게 하는 데 매우 중요한 것 같아요. 하지만 인정하는 말이 당신에게 더 중요합니다. 사실 아내가 내내 비판하는 말만 하고 타인 앞에서 면박을 주면 당신은 그녀와 성관계조차도 갖고 싶지 않게 될 겁니다."

마커스도 대부분의 남성들처럼 '스킨십'에 대한 욕구가 강하기에 그것이 자기의 제1의 사랑의 언어라고 오해했다. 남성들의 성적 욕망은 신체에서 나온다. 즉 남성은 정낭 속에서 정자와 정액이 생성되면서 성적 욕망이 일어난다. 그러므로 남성의 성적 욕망은 생리적 현상이다.

여성에게 성적 욕망은 생리적인 것보다 감정에 좌우된다. 남편으로부터 사랑받고, 소중히 여김을 받고, 칭찬을 받으면 육체적으로 남편과 친밀해지고 싶은 욕구를 느낀다. 감정적 친밀함이 없으면 육체적 욕망도 없다. 여성의 성적 욕구는 사랑에 대한 감정적 욕구와 깊이 연관되어 있는 것이다.

남성은 정기적으로 성적 분출의 압박을 받으므로 자동적으로 제1의 사랑의 언어가 스킨십이라 생각한다. 그러나 성관계 이외의 다른 시간에는 신체 접촉을 좋아하지 않는다면 스킨십이 그의 사랑의 언어라 할 수 없다.

성적 욕망은 사랑받고 싶은 욕구와 아주 다르다. 성관계가 그에게 중요하지 않다는 것이 아니다. 그에게 아주 중요하지만 성관계만으로 사랑받고 싶은 욕구를 모두 충족시킬 수는 없다. 아내는 그의 사랑의 언어를 구사해야만 한다. 사실 아내가 남편의 제1의 사랑의 언어를 잘 구사하여 그의 사랑 탱크가 꽉 차고, 남편 역시 아내의 사랑의 언어를 구사해 그녀의 사랑 탱크가 가득 차면 그들의 성관계는 저절로 해결된다. 결혼 생활에서 대부분의 성적 문제는 육체적 기술에 있는 것이 아니라 감정적 욕구를 충족시켜 주는 데 있다.

여러 차례에 걸친 대화와 상담을 통해 마커스는 "당신 말씀이 옳습니다. '인정하는 말'은 의심할 여지없이 내 사랑의 언어지요. 그녀가 말로 나를 난도질하고 비판하면 나의 성적 충동은 사라지고 다른 여인과의 관계를 상상하곤 합니다. 그러나 아내가 나를 칭찬하고 존경하는 말을 하면 그녀에게 성적 충동이 자연스럽게 일어납니다"라고 말했다. 마커스는 나와의 짧은 만남을 통해 아주 중요한 것을 알게 됐다.

나의 사랑의 언어를 어떻게 알 수 있는가?

　당신의 제1의 사랑의 언어는 무엇인가? 언제 배우자가 당신을 가장 많이 사랑하는 것으로 느껴지는가? 무엇을 가장 원하는가? 이러한 질문에 대한 답이 금방 떠오르지 않는다면 사랑의 언어의 부정적 면을 생각해 볼 필요가 있다. 당신을 아주 기분 상하게 하는 말이나 행동은 어떤 것인가?

　예를 들어, 배우자의 비판이나 정죄하는 말이 당신에게 몹시 상처가 되면 당신의 사랑의 언어는 '인정하는 말'이다. 당신의 제1의 사랑의 언어가 배우자에 의해 부정적으로 구사되면 당신은 큰 상처를 받게 된다. 왜냐하면 당신의 사랑의 언어를 무시할 뿐 아니라 그 언어를 칼로 삼아 당신의 심장을 난도질하기 때문이다.

　온타리오주에서 메리라는 여인을 만났던 기억이 났다. 그녀는 "채프먼 박사님, 론은 집에서 손도 까딱하지 않습니다. 나는 일하는데 그는 언제나 텔레비전만 봐요. 나를 사랑한다면 그렇게 할 수 있을까요? 정말 이해할 수 없어요"라고 말했다. 메리가 속상해하는 것은 론이 집안일을 도와주지 않기 때문인데, 이는 곧 그녀의 사랑의 언어가 '봉사'임을 암시한다.

　배우자가 선물을 하지 않으므로 기분이 상한다면 '선물'이 당신의 사랑의 언어일 가능성이 높다. 배우자가 함께할 수 있는 시간의 여유를 주지 않아 상심이 된다면 '함께하는 시간'이 곧 당신의 사랑의 언어일 가능성이 높다. 사랑의 언어를 발견하는 또 다른 방법은 결혼 생활을 돌이켜 보면서 "내가 배우자에게 무엇을 가장 많이 요구했었나?"라고 자문해 보는 것이다. 가장 많이 요구했던 것이 바로 당신의 사랑의 언어와 일치할 수 있다. 그런 요구들은 배우자에게 잔소리로 들릴 것이다. 사실은 그런 요구들이 바로 당신이 배우자의 사랑을 받고 싶어 하는 욕구의 표현일 수 있다.

인디애나주에 사는 엘리자베스는 자신의 사랑의 언어를 발견하는 데 이 방법을 사용했다. 세미나가 끝날 때쯤, 그녀는 "지난 10년간의 결혼 생활을 돌이켜 보면서 내가 남편에게 요구한 것들을 생각해 보니 내 사랑의 언어를 분명히 알게 됐어요. 나는 끊임없이 '함께하는 시간'을 요구했지요. 소풍을 같이 가자든지, 주말에 멀리 여행 좀 하자든지, TV를 끄고 단 한 시간이라도 대화 좀 하자든지, 산보를 같이 하자든지, 이렇듯 계속 10년 동안 요구했어요. 생일 같은 특별한 날에 그가 선물을 해도 별로 기쁘지 않았어요."

그녀는 계속해 "세미나에 참석하는 동안 희망의 빛이 우리 둘에게 비쳤어요. 쉬는 시간에 남편이 사과를 하더군요. 지난 수년간 자기가 너무 무심해 내가 요구하는 것을 늘 거절했었다고요. 앞으로는 아주 달라질 것을 약속했고 나 또한 그러리라 믿습니다"라고 말했다.

사랑의 언어를 발견하는 또 하나의 방법은 자신이 배우자에게 어떻게 사랑을 표현하는지를 면밀히 관찰하는 것이다. 배우자에게 하는 사랑의 표현이 결국 자신이 배우자로부터 받기를 원하는 것일 수 있기 때문이다. 당신이 끊임없이 배우자에게 '봉사'를 한다면 그것이 바로 당신의 사랑의 언어일 수 있다. '인정하는 말'이 당신에게 사랑을 불러일으킨다면 그런 말을 배우자에게 자주 할 것이다. 그러므로 "나는 배우자에게 나의 사랑을 어떻게 표현하는가?"라는 질문을 통해 당신의 사랑의 언어를 발견할 수 있다.

그러한 방법이 당신의 사랑의 언어를 발견할 수 있는 힌트는 되지만 절대적 기준이 아님을 명심하라. 예를 들어 아버지가 어머니에게 선물하는 것을 보며 자란 사람은 그의 아버지처럼 아내에게 좋은 선물을 주면서 사랑을 표현할 수는 있지만 '선물'이 반드시 그의 사랑의 언어는 아니다. 그는 단지 아버지가 하던 것을 그대로 보고 하는 것뿐이다. 지금까지 나는 사랑의 언어를 발견하는 세 가지 방법을 제시했다.

1. 배우자가 당신에게 깊은 상처를 주는 것은 무엇인가? 그와 정반대되는 것이 바로 당신의 사랑의 언어일 수 있다.

2. 당신이 배우자에게 가장 많이 요구하는 것이 무엇인가? 그것이 바로 당신이 사랑을 가장 많이 느끼는 것일 수 있다.

3. 당신은 배우자에게 어떻게 사랑을 표현하는가? 그것이 바로 당신이 사랑을 느끼는 것일 수 있다.

위의 세 가지 방법을 사용하면 당신의 사랑의 언어를 발견할 수 있을 것이다. 만일 두 가지의 사랑의 언어가 똑같이 해당된다면 당신은 사랑의 언어를 이중으로 구사하는 사람일 것이다. 그렇다면 당신은 배우자를 좀 더 편하게 해 줄 수 있다. 즉 배우자가 사랑을 전달할 때 둘 중의 하나만 선택해도 되기 때문이다.

부록에 있는 '5가지 사랑의 언어 검사'를 이용해도 좋을 것이다. 검사해 보고 부부가 함께 토의하기 바란다.

한편 자기의 사랑의 언어를 잘 알 수 없는 두 종류의 사람이 있다. 첫째는 오랫동안 사랑 탱크가 가득 차 있는 사람이다. 배우자가 여러 가지 방법으로 사랑을 표현하기에 어떤 방법이 가장 좋은지 본인도 확실히 모를 수 있다. 단지 사랑받고 있다는 사실만 알 뿐이다. 둘째는 너무 오랫동안 사랑 탱크가 비어 있었기에 어떻게 해 주어야 사랑을 느끼는지 기억 나지 않는 경우다.

어느 경우든 사랑에 빠졌던 경험으로 돌아가 "그때 배우자의 어떤 면을 내가 좋아했지? 무엇 때문에 내가 그와 함께 있고 싶어 했지?"라는 질문을 자신에게 해 보라. 이러한 기억들을 되살려 보면 당신의 사랑의 언어를 발견할 수 있는 아이디어가 떠오를 것이다.

다른 하나의 방법은 자신에게 "내가 생각하는 이상적인 배우자상은 무엇인가? 완벽한 배우자를 기대한다면 어떤 형의 사람인가?"라고 물어보는 것이다. 당신이 생각하는 완벽한 배우자상이 당신의 사랑의 언어를 발견하는 데 좋은 도움이 될 수 있다.

마지막으로 시간을 내서 당신이 생각하는 제1의 사랑의 언어를 적어 보도록 하라. 그리고 그 외의 4가지 사랑의 언어도 중요하다고 생각되는 순서대로 기록해 보라. 또한 당신이 생각하는 배우자의 사랑의 언어도 적어 보라. 또 다른 4가지도 중요한 순서대로 열거하라. 배우자와 함께 앉아 서로 추측한 배우자의 사랑의 언어에 대해 이야기해 보라. 그런 후 각자 자신의 사랑의 언어에 대해서도 이야기해 보라.

'탱크 점검' 게임

일단 이런 정보를 가지고 3주 동안 일주일에 세 번씩 다음과 같은 게임을 하라. 나는 이 게임을 '탱크 점검'이라고 부르는데, 그 방법은 다음과 같다.

당신이 퇴근해 집에 들어설 때 배우자에게 "0부터 10까지 중 당신의 사랑 탱크 수위는 지금 어디를 가리키고 있어요?"라고 물어보라.

0은 텅 비었다는 의미고, 10은 꽉 차 있으니 염려 없다는 의미다. 당신은 0부터 10까지의 숫자를 사용해 사랑의 수위를 표시할 수 있다. 배우자는 "어떻게 하면 탱크를 채울 수 있을까?"라고 묻는다.

그러면 당신은 배우자에게 오늘 밤 무엇을 해 주면 좋겠는가를 말하라. 그는 힘닿는 대로 당신의 요구에 응할 것이다. 그리고 그 반대로 당신도 배우자의 사랑의 수위를 읽고 그것을 채우도록 하라. 이런 게임을 3주간만 하면 당신은 그것에 흥미를 느끼게 되고 그것은 당신의 결혼생활에서 재미있게 사랑의 표현을 촉진시키는 계기가 될 것이다.

어떤 남자는 내게 이렇게 말했다. "나는 이 '탱크 점검' 게임을 좋아하지 않습니다. 아내와 해 보았어요. 퇴근 후에 아내에게 '당신의 사랑 탱크 수위가 어때요?'라고 물으니 '7 정도요'라고 했습니다. '당신이 오늘 저녁, 가장 원하는 게 뭐예요?'라고 물으니 '빨래 좀 해 주었으면 해요'라고 했습니다. '사랑과 빨래라? 못하겠는걸'이라고 했습니다."

나는 그 남자에게 "그것이 문제입니다. 당신은 아직도 아내의 사랑의 언어를 모르는 것 같군요"라고 대답했다.

"내 말을 잘 들어 보세요. 아내가 당신의 사랑의 언어로 사랑을 표현할 때 당신이 느끼는 것과 똑같은 사랑을, 그녀는 빨래를 해 줄 때 느낀답니다"라고 나는 일러 주었다.

"그렇게 좋아한다면 매일 저녁 빨래를 하겠습니다"라고 그는 큰소리로 외쳤다.

당신의 사랑의 언어를 여전히 알 수 없다고 해도 사랑 탱크를 점검하는 게임은 계속하라. 배우자가 "당신의 사랑 탱크를 채우기 위해 내가 무엇을 해 줄까요?"라고 물을 때 당신은 자신의 사랑의 언어와 비슷한 것을 요구할 수 있다. 5가지를 모두 요구할 수도 있지만 아마 당신의 사랑의 언어에 가장 가까운 것을 요구하게 될 것이다.

일리노이주의 레이먼드와 헬렌이 내게 "채프먼 박사님, 모든 말씀이 옳고 훌륭합니다. 그러나 배우자의 사랑의 언어가 내게 그렇게 자연스럽지 못한 것은 무엇 때문인가요?"라고 했는데, 아마 이 말에 동의하는 사람도 꽤 많을 것이다. 이 문제를 다음 장에서 다룰 것이다.

생각하기

이제는 배우자의 사랑의 언어를 알 것 같은가? 그것에 대해 어떤 느낌이 드는가? 아니면 사랑의 언어를 알기 위해 어떤 노력을 더 해야 하겠는가? 사랑의 탱크가 가득 찼든 텅 비었든, 자신의 사랑의 언어를 알든 모르든 앞으로 한 달 동안 '탱크 점검' 게임을 한다. 일주일에 세 번씩 그 수치를 물어본다. 그리고 수치를 올리기 위해 어떻게 해야 하는지 묻는다. 배우자의 탱크 수치가 계속 10이 되면 만족해도 된다. 그러나 사랑을 중단하면 안 된다.

The Five Love
Languages

Part 3

사랑은 선택이다

1

사랑은 선택이다

 상처와 분노, 원한이 가득한데 어떻게 서로 사랑의 언어를 구사할 수 있겠는가? 이 질문의 답을 얻기 위해서는 인간의 본성을 살펴볼 필요가 있다. 인간은 선택할 수 있는 능력을 갖춘 피조물이다. 이 말은 우리 모두가 경험했듯이 나쁜 선택도 할 수 있다는 말이다. 우리는 과거에 비판하는 말도 하고 상처를 주는 행동도 했다. 그 당시에는 그것이 정당해 보였을지라도 올바른 선택은 아니었다.

 과거에 잘못된 선택을 했다고 해서 미래에도 그렇게 하라는 법은 없다. 대신 우리는 "미안해요. 내가 마음 상하게 한 것 알아요. 앞으로는 그렇게 하지 않겠어요. 당신의 사랑의 언어로 사랑할게요"라고 말할 수 있다. 나는 부부가 사랑을 선택할 때 이혼의 벼랑에서 벗어나는 경우를 많이 보았다. 사랑이 과거를 지워 주지는 않지만 미래를 변화시킬 수는 있다. 일단 우리가 배우자의 사랑의 언어를 적극적으로 사용하기 시작하면, 과거의 갈등과 실패를 치유하는 사랑의 감정을 만들어 낼 수 있다.

"이젠 사랑하지 않아요"

석고상처럼 무뚝뚝한 브렌트라는 남자가 왔었다. 자청해서 온 것이 아니라 내가 요구해서 왔다. 일주일 전에 그의 아내인 베키가 그가 앉은 바로 그 의자에 앉아 주체할 수 없을 정도로 눈물을 흘렸었다. 그녀는 남편이 자기를 더 이상 사랑하지 않으며 그가 자기를 떠나려고 한다는 사실을 가까스로 털어놓았었다. 그녀는 몹시 낙심하고 있었다.

마음의 평정을 되찾은 후, 그녀가 말했다. "우리 부부는 지난 2, 3년간 정말 열심히 일했습니다. 우리가 이전보다 함께 보내는 시간이 적어졌다는 것도 알고 있었습니다. 그것은 우리 공동의 목표를 위해 일하기 때문이라고 생각했습니다. 나는 지금 그가 도대체 무슨 말을 하고 있는지 이해할 수 없어요. 그는 언제나 다정하고 아주 상냥한 사람이었거든요. 아이들에게도 참 훌륭한 아버지예요. 그런데 그가 어떻게 우리에게 이럴 수 있을까요?"

12년간의 결혼 생활 이야기를 들었다. 이전에도 여러 번 들었던 이야기다. 그들은 멋진 연애 기간을 거쳐 사랑에 빠진 경험의 절정에 이르러 결혼했고, 결혼 초기에는 서로 적응하느라 바빴고, 그 이후에는 꿈을 추구하며 살아왔다. 시간이 흐르면서 사랑에 빠졌던 감정에서 서서히 벗어나게 되었지만 아직 상대방의 사랑의 언어를 배우지 못했다.

그녀는 지난 몇 년 동안 사랑 탱크가 반쯤 찬 상태였지만 모든 것이 잘 되고 있다고 생각할 만큼의 사랑 표현을 받았다. 그러나 이제 남편의 사랑 탱크가 텅 비어 버렸다.

나는 베키에게 내가 브렌트를 좀 만날 수 없겠냐고 물었다. 나는 전화로, "당신도 알겠지만 베키가 내게 결혼 생활의 어려움을 상담하러 왔었습니다. 그녀를 돕고 싶은데 당신이 무슨 생각을 하고 있는지 알고 싶습니다"라고 했다.

그는 주저 없이 승낙하고 내 사무실로 왔다. 그는 베키와는 달리 외견상 아주 강인해 보였다. 베키는 눈물을 주체하지 못했으나 그는 아주 냉정했다. 그러나 그도 일주일이나 한 달 전에는 속으로 울었겠다는 인상을 받았다. 브렌트가 이야기를 털어놓았을 때 내 짐작이 적중했음을 알았다.

"나는 이제 그녀를 사랑하지 않습니다. 오랫동안 사랑하지 않았죠. 그녀 마음에 상처를 주고 싶진 않아요. 우리는 가깝지 않습니다. 우리 관계는 더 이상 아무것도 아닙니다. 그녀와 함께 있는 것이 기쁘지 않아요. 어찌된 일인지 잘 모르겠어요. 안 그러면 좋겠지만 그녀에게 아무런 감정도 없습니다." 브렌트의 말은 수많은 남성이 생각하고 느끼는 그대로이다. '이젠 그녀를 사랑하지 않아'라는 마음은 남성에게 감정적 자유를 주어 다른 사랑의 대상을 찾게 한다. 여성도 똑같이 그렇게 한다.

나 자신도 그랬었기에 브렌트에게 연민을 느꼈다. 수많은 남성이나 여성은 서로에게 마음의 상처를 주기 원하지 않지만, 감정적 욕구 때문에 결혼 관계 밖에서 사랑을 찾는다. 다행히 나는 결혼 초기에 사랑에 빠지는 경험과 감정적 욕구와의 차이를 발견했다. 지금도 대부분의 사람들은 그 차이를 잘 모른다.

사랑에 빠지는 경험은 1부 3장에서 취급했는데, 그것은 바로 본능의 수준에 속한다. 그것은 미리 계획된 것이 아니며 남자와 여자와의 정상적 관계 속에서 생긴다. 그것은 생길 수도 사라질 수도 있지만 의식적 선택에 의해 생기는 것이 아니다. 그 기간은 아주 짧고(보통 2년 이하), 인간에게 기러기들의 짝짓기 구애와 같은 기능을 한다.

사랑에 빠지는 경험은 일시적으로 사랑에 대한 욕구를 채워 준다. 누군가가 나를 아끼고 좋아하고 인정해 주는 느낌을 갖게 한다. 누군가가 나를 제일로 여기면 오로지 우리의 관계를 위해 기꺼이 시간과 정력을 쏟는다는 생각에 감정이 고조된다. 그 기간이 얼마나 지속되는가에 상관없이 아주 짧은 순간이긴 하지만 우리의 감정적 욕구가 충족된다. 사랑 탱크가 가득 찼으니 세상도 정복할 수 있다. 불가능한 것은 없다. 대부분의 경우 사랑 탱크가 이렇게 가득 찬 경험은 평생 처음이다. 그래서 그 느낌에 도취된다.

그러나 시간이 흐르면서 그 절정에서 현실 세계로 돌아온다. 배우자가 우리의 사랑의 언어를 배워 구사하면 욕구는 계속 충족될 것이다. 반대로 사랑의 언어를 구사하지 않으면 사랑 탱크가 서서히 말라져 더이상 사랑받고 있다는 느낌을 가질 수 없게 된다.

배우자의 욕구를 충족시키는 것은 우리의 선택에 달려 있다. 내가 배우자의 사랑의 언어를 배워 사용하면 그녀는 계속 사랑받고 있다고 느낄 것이다. 그녀가 사랑에 빠진 경험으로부터 벗어날 때도 계속 사랑 탱크가 채워져 있기 때문에 그때를 그리워하지 않는다.

하지만 내가 그녀의 사랑의 언어를 배워 사용하지 않으면 감정의 절정으로부터 벗어날 때, 그녀는 자연히 충족되지 못한 감정의 욕구를 가지게 된다. 그렇게 사랑 탱크가 빈 상태로 살다 보면 다른 사람과 사랑에 빠질 가능성이 높으며, 그런 사이클이 다시 시작될 것이다.

아내의 사랑 욕구를 충족시키기 위해 나는 매일 선택한다. 내가 그녀의 제1의 사랑의 언어를 알아 그것을 사용하기로 선택하면 그녀의 깊은 감정적 욕구가 충족되어 나의 사랑에 안정감을 느낄 것이다. 그녀도 내게 똑같이 한다면 내 감정적 욕구도 충족되어 우리 둘은 탱크가 가득 찬 상태로 살 것이다. 감정적으로 안정되면 결혼 생활은 즐겁고 성숙해 갈 것이며, 그 외의 일에도 창의적 힘을 기울이게 된다.

나는 마음속으로는 이런 생각을 하면서 무표정한 얼굴을 하고 있는 브렌트를 바라보며 어떻게 도울 것인가를 궁리했다. 그가 다른 여인과 이미 사랑에 빠진 상태임을 나는 눈치챘다. 초기 단계인가 아니면 절정기인가가 궁금했다. 텅 빈 사랑 탱크로 고통받는 남자는 다른 곳에서 그 사랑이 충족될 것 같으면 곧 결혼 관계를 벗어난다.

브렌트는 솔직하게 지난 수개월간 어떤 여인과 사랑에 빠진 것을 고백했다. 그는 자신의 그 감정이 사라지길 바라며 아내와 함께 이 일을 잘 해결했으면 했다. 그러나 가정 일은 악화되기만 하고 다른 여인과의 사랑은 더욱 깊어졌다. 그는 새로 사귄 애인 없이 살아간다는 것은 상상할 수조차 없었다. 브렌트의 이런 딜레마에 나는 공감했다. 그는 진실로 아내나 아이들의 마음에 상처를 주고 싶지 않지만 동시에 자신도 행복한 삶을 가져야 된다고 생각했다. 나는 재혼에 대한 실망스러운 통계를 말했다. 그는 이야기를 듣고 놀라긴 했으나 자신은 그렇지 않을 것이라 장담했다. 자녀들에게 미치는 이혼의 영향에 대해서도 말했지만 그는 계속 자신은 좋은 아버지가 될 것이며 아이들도 이혼의 충격을 극복하리라 확신했다.

나는 이 책에서 다루는 주제들을 가지고 그와 대화를 했고 사랑에 빠지는 경험과 사랑받고 싶은 감정적 욕구와의 차이도 설명해 주었다. 5가지 사랑의 언어도 설명하면서 다시 한번 노력할 것을 권했다. 결혼에 대한 나의 지적이고 이성적 접근이 고도의 감정적 상태에 있는 그에게는 마치 자동 무기에 대항하는 BB총(공기총)과 같다는 사실을 대화하는 동안 내내 느꼈다. 그는 나의 관심에 고맙다고 하며 최선을 다해 베키를 도와달라고 부탁했다. 하지만 그들의 결혼 생활은 가망이 없다고 단언했다.

한 달이 지난 후 나는 브렌트의 전화를 받았다. 그는 다시 나와 대화하길 원했다. 그가 내 사무실에 들어섰을 때 그는 눈에 띄게 초췌했다. 그는 전에 내가 알던 조용하고 침착한 사람이 아니었다. 그의 애인이 감정의 절정으로부터 내려오면서 브렌트에게서 자신이 좋아하지 않는 면을 발견하기 시작했다. 그녀는 관계를 멀리하기 시작했고 그는 절망했다. 그녀가 자신에게 얼마나 중요하며, 그녀에게 거절당하는 것이 얼마나 힘든지 눈물을 흘리며 말했다.

브렌트는 거의 한 시간 동안 하소연을 한 후 드디어 나의 조언을 요청했다. 얼마나 마음이 아프겠냐고 위로하면서 그가 지금 겪고 있는 것은 사랑하는 사람을 잃을 때 당연히 찾아오는 슬픔이며, 그리 쉽게 사라지지 않을 것이라고 지적해 주었다. 그렇지만 그것은 피할 수 없는 것이라고 설명했다. 사랑에 빠지는 경험은 일시적인 것으로 조만간 황홀한 감정에서 나와 현실 세계로 내려올 수밖에 없다고 설명했다.

어떤 사람은 결혼하기 전에 그러한 상태에서 벗어나기도 하고 또 어떤 사람은 결혼하고 나서 바로 그렇게 되기도 한다. 그는 그것이 나중에 오는 것보다 지금 찾아온 것이 낫다는 사실에 대해 동의했다.

잠시 후 나는 지금의 위기가 그와 아내가 결혼 생활 상담을 받을 수 있는 아주 좋은 기회라고 말해 주었다. 오래 지속되는 진정한 사랑은 바로 선택하는 것이며 그와 아내가 서로의 정확한 사랑의 언어를 배워 사랑하면 그들의 결혼 생활은 새로워질 수 있음을 상기시켜 주었다.

그는 결혼 생활 상담에 동의했다. 9개월이 지난 후 그들은 결혼 생활을 회복하여 내 사무실을 떠났다. 3년 후 브렌트를 만났는데, 그는 정말 행복한 결혼 생활을 하고 있었고 위기의 순간에 내가 해 준 상담을 고마워했다. 그 애인을 잃은 슬픔은 2년을 넘기지 못했다고 내게 말했다. 그는 웃으면서 "내 사랑 탱크가 전에 이렇게 가득 찬 적이 없었죠. 베키는 세상에서 가장 행복한 여인이랍니다"라고 말했다.

다행히 브렌트는 내가 말하는 '사랑에 빠지는 경험의 불균형'에 혜택을 입은 사람이었다. 즉 두 사람이 동시에 사랑에 빠지지도 않으며 또한 그 사랑으로부터 동시에 벗어나지도 않는다는 것이다. 이 진리를 발견하기 위해 우리가 사회학자가 될 필요는 없다. 그냥 컨트리 음악이나 대중 음악에 귀를 기울이기만 하면 된다. 브렌트의 애인은 적절한 순간에 사랑으로부터 벗어나 준 것이다.

사랑은 감정인가 행동인가

9개월 동안 브렌트와 베키를 상담하면서 우리는 그들이 이제까지 해결하지 못하던 수많은 문제를 다루어야 했다. 그러나 그들이 결혼 생활을 회복하는 열쇠는 서로의 사랑의 언어를 배우고 그것을 자주 사용하는 것이었다.

"배우자의 사랑의 언어가 나에게 자연스럽지 않으면 어떻게 하나요?" 결혼 생활 세미나를 하면 종종 이런 질문을 받는다. 그에 대한 내 대답은 "그럼 어떡할 건데요?"이다.

내 아내의 사랑의 언어는 '봉사'다. 내가 사랑의 표시로 규칙적으로 하는 것은 청소기로 거실을 청소하는 일이다. 청소하는 일이 내게 자연스러울 것 같은가? 나의 어머니는 늘 나에게 청소를 시켰다. 나는 중고등학교 시절 토요일에 집 청소를 끝내지 않으면 농구를 할 수 없었다. 그

때 나는 '여기서 벗어나기만 하면 결코 청소를 하지 않을 거야. 아내가 하도록 해야지'라고 다짐하곤 했다.

나는 지금 집 청소를 정기적으로 하고 있다. 내가 청소를 하는 이유는 단 하나 바로 사랑 때문이다. 아무리 돈을 많이 주어도 나는 청소를 하지 않을 것이다. 하지만 사랑을 위해 한다. 자연스럽게 되지 않는 행동을 하는 것이 더 대단한 사랑이다. 내가 집안 청소를 하는 것은 100% 순수하고 완전한 사랑의 표현이며, 그것 때문에 나는 모든 면에서 아내로부터 신임을 얻는다.

어떤 사람이 말했다. "채프먼 박사님, 그건 다릅니다. 내 배우자의 사랑의 언어가 스킨십인 것을 아는데, 나는 접촉하는 것을 좋아하지 않아요. 아버지와 어머니가 포옹하는 것을 한 번도 본 적이 없었어요. 그들이 나를 한 번도 안아 주지 않았고요. 나는 접촉하는 것에 전혀 익숙하지 못해요. 어떻게 하면 좋을까요?"

당신은 두 손이 있는가? 두 손을 모을 수 있는가? 그 안에 당신의 배우자가 있다고 상상하고 당신 쪽으로 당겨 보라. 내가 장담하는데 그렇게 3천 번만 해 보면 자연스럽게 느껴질 것이다. 그러나 궁극적으로는 자연스럽다거나 부자연스럽다는 것이 문제가 아니다. 우리는 지금 사랑에 대해 이야기하고 있다. 사랑이란 누군가를 위해 하는 것이지 나를 위해 하는 것이 아니다.

우리 대부분은 매일매일 내키지 않는 일도 많이 한다. 아침에 침대에서 나오기 싫어도 일어난다. 왜 그러는가? 그렇게 할 가치가 있기 때문이다. 그날 해가 지기 전에 아침에 일어났던 것이 잘한 일이라고 생각하게 될 것이다. 행동이 감정보다 중요한 것이다.

사랑도 마찬가지다. 배우자의 사랑의 언어를 알아내고 그것이 내게 자연스럽든지 부자연스럽든지 사용하기로 결심한다. 편하고 신나는 기분을 위해 그러는 것이 아니다. 오직 배우자의 유익을 위해 하기로 한 것이다. 배우자의 감정적 욕구가 충족되기 원하기에 그의 사랑의 언어를 말하는 것이다. 그렇게 할 때 그의 사랑 탱크가 가득 차서 그도 나의 사랑의 언어를 구사하게 될 것이다. 그러면 우리의 사랑 탱크가 채워지기 시작할 것이다.

사랑은 선택이다. 그리고 둘 중 한 사람이 오늘 당장 시작할 수 있다.

생각하기

이 장의 핵심은 나에게 자연스럽든지 자연스럽지 않든지 관계없이 배우자의 사랑의 언어를 말하는 것이다. 이것이 건강한 결혼 생활에 그토록 중요한 이유가 뭐라고 생각하는가?

2

사랑이
변화시킨다

 사랑은 단순히 감정적 욕구만은 아니다. 인간의 기본 욕구에는 안정에 대한 욕구, 자긍심에 대한 욕구, 의미에 대한 욕구가 있다고 심리학자들은 말한다. 그러나 사랑은 이 모든 욕구와 연결되어 있다. 배우자의 사랑을 느낄 때 배우자가 나에게 나쁜 행동을 하지 않으리라는 것을 알고 편해진다. 그와 함께 있을 때 안정을 느낀다. 직장에서 불확실한 상황에 직면하기도 하고 삶에서 대적들을 만나기도 하지만 배우자와 함께 있으면 안정을 느낀다.

 자긍심은 배우자가 나를 사랑한다는 사실로 충족된다. 그가 나를 사랑한다면 결국 나는 반드시 사랑받을 만한 가치가 있는 사람이다. 나의 부모는 나의 가치에 부정적이거나 미묘한 뜻을 전할 수도 있지만, 배우자는 성인으로서의 나를 알고 사랑한다. 그의 사랑이 나의 자존감을 세워준다.

의미에 대한 욕구는 우리의 행동 이면에 있는 감정적인 어떤 힘이다. 삶은 성공을 추구한다. 우리는 우리의 삶이 중요한 것으로 간주되기를 원한다. 우리는 무엇이 의미 있는가에 대해 견해를 가지고 있으며, 그 목표에 도달하기 위해 열심히 일한다. 배우자로부터 사랑받고 있다고 느끼는 것은 우리의 의미를 강화시켜 준다. 우리는 누군가가 나를 사랑한다면 분명히 나는 의미 있는 존재라고 생각한다.

나는 의미 있는 중요한 존재다. 왜냐하면 나는 피조물 중의 으뜸이기 때문이다. 나는 추상적으로 생각하고 내 생각을 언어로 소통하고 결정을 내릴 능력이 있다. 나보다 앞서간 사람들의 사상을 인쇄된 책이나 녹음된 말들을 통해 배울 수 있다.

다른 시대 다른 문화에 살았던 사람들의 경험도 배울 수 있다. 나는 가족이나 친구의 죽음을 경험하면서 물질세계 중 초월한 존재를 느낄 수 있다. 어느 문화든지 영적 세계에 대한 믿음이 있는 것을 나는 발견했다. 과학적 관찰 훈련을 받은 내 머리가 비판적 질문을 할 때도 나의 가슴은 영적 세계가 존재한다고 믿는다.

나는 의미 있는 존재다. 삶은 의미가 있는 것이다. 고귀한 목적도 있다. 나는 이 사실을 믿고 싶지만 누군가 나를 사랑한다고 표현할 때까지는 의미를 느끼지 못할 수도 있다. 배우자가 내게 사랑으로 시간과 정력과 노력을 기울이면 나는 의미 있는 존재라고 믿게 된다. 사랑이 없다면 아마 나는 의미와 자긍심과 안정을 찾으려고 평생을 소비할지 모른다.

사랑을 경험할 때 그것은 이 모든 욕구에 긍정적으로 영향을 미친다. 드디어 내 잠재력을 마음껏 발휘하게 된다. 자긍심을 확실하게 갖게 됨으로 내 욕구에 치중하기보다 외부로 관심을 더 많이 돌리게 된다. 진정한 사랑은 늘 해방을 준다. 결혼 생활에서 사랑받고 있음을 느끼지 못하면 서로 간에 이질감은 증폭되고 서로를 행복을 위협하는 존재로 여기게 된다. 결국 자긍심과 의미를 위해 싸우게 되어 결혼 생활은 천국이 아니라 전쟁터가 된다.

사랑이 모든 것의 답은 아니지만 안정감 가운데 우리를 괴롭히는 문제를 해결할 수 있도록 한다. 사랑이 주는 안정감 속에서는 부부가 서로 비난하지 않고 차이점을 의논할 수 있다. 갈등이 해결될 수 있다. 서로 다른 두 사람이 조화를 이루며 사는 법을 배울 수 있다. 서로의 최선을 도출하는 방법을 발견하게 된다. 이 모든 것이 사랑이 가져다주는 것들이다.

"우린 룸메이트 같아요"

배우자를 사랑하기로 결심하면 굉장한 잠재력을 가지게 된다. 배우자의 사랑의 언어를 배우면 그 잠재력이 현실이 된다. 적어도 존과 수잔에게는 그것이 사실로 나타났다.

그들은 세 시간이나 운전해 내 사무실로 왔다. 존은 여기에 오는 것을 원하지 않았던 것이 분명했다. 수잔이 이혼하겠다고 위협하여 강제로 끌고 왔다고 했다. 그들은 35년간이나 결혼 생활을 했으며 단 한 번도 상담을 받아 본 적이 없다고 했다.

수잔이 대화를 시작했다.

"채프먼 박사님, 먼저 두 가지를 말씀드릴게요. 첫째, 우리는 경제적으로 아무 문제가 없습니다. 잡지에서 본 적이 있는데, 돈이 결혼 생활의 가장 큰 문제라는군요. 그 말이 우리에게는 해당되지 않아요. 우리 부부는 그동안 열심히 일해서 집값도 자동찻값도 다 지불했습니다. 돈 문제는 전혀 없습니다. 둘째, 우리는 말다툼을 하지 않아요. 내 친구들은 남편과 늘 말다툼한다는 이야기를 들었어요. 우리는 말다툼한 적이 한 번도 없어요. 언제 말다툼했었는지 기억조차 할 수 없거든요. 우리 둘은 말다툼이 쓸모없는 것이라 생각하기에 하지 않습니다."

상담가로서 나는 수잔이 아주 분명하게 표현하는 것이 고마웠다. 그녀는 문제의 핵심으로 가고 있었다.

"문제는 내가 남편의 사랑을 느낄 수 없다는 것이지요. 우리의 삶은 다람쥐 쳇바퀴 도는 것과 같아요. 아침에 일어나 일터로 갑니다. 오후에 그는 그의 일을 하고 나는 내 일을 합니다. 늘 하던 대로 함께 저녁 식사를 하지만 대화는 없습니다. 그는 저녁 식사를 하면서 TV를 봅니다. 저녁 식사가 끝나면 그는 지하실에서 이것저것 하며 시간을 보내다가, 내가 취침 시간이라고 말할 때까지 TV 앞에서 꾸벅꾸벅 좁니다. 주 5일은 이렇습니다.

남편은 토요일 오전에는 골프를 하고 오후에는 정원에서 일하고 저녁에는 다른 부부와 함께 외식하러 가곤 합니다. 그는 그들과는 대화를 잘 하지만 차를 타고 집으로 올 때는 말을 하지 않습니다. 일요일 아침에는 교회에 가지요.

우리는 같은 집에 기거하는 룸메이트와 같아요. 그에게서 어떤 사랑도 느낄 수 없어요. 따뜻함도 없고 감정도 없어요. 텅 비어 있죠. 더 이상 이대로 살 수 없어요."

수잔은 울기 시작했다. 화장지를 건네주며 존을 쳐다보았다. 그의 첫 마디는 "난 이해가 안 됩니다"였다.

잠시 후, 말을 이었다.

"나는 특히 지난 2, 3년간 그녀의 불평이 심해진 이후로 내가 그녀를 사랑한다는 것을 보여 주기 위해 모든 것을 했습니다. 아무것도 도움이 된 것 같지 않군요. 내가 무슨 일을 해 줘도 그녀는 사랑을 느낄 수 없다고 계속 불평했어요. 더 이상 어떻게 해야 할지 모르겠습니다."

존의 얼굴에는 좌절과 실망의 빛이 역력했다.

나는 "수잔에게 사랑을 보여 주기 위해 무슨 일을 했나요?"라고 존에게 물었다.

"한 가지 예를 든다면, 나는 아내보다 먼저 집에 와서 매일 저녁 준비를 시작합니다. 사실 일주일에 네 번 정도는 그녀가 오기 전에 저녁 준비를 거의 끝내지요. 다른 날 저녁은 외식을 합니다. 그녀의 허리가 좋지 않기에 청소도 내가 합니다. 그녀에게 꽃가루 알레르기가 있기에 정원 일도 내가 하지요. 빨래가 끝나면 옷도 내가 갭니다."

그는 자신이 수잔을 위해 한 일들을 계속 열거했다. 이야기를 마치자 나는 "아내는 무슨 일을 하나요?"라고 물었다.

"내가 그녀를 얼마나 사랑하는지 보여 주기 위해 이 모든 일을 했는데 그녀는 여기 와서 당신에게 지난 2, 3년간 나로부터 전혀 사랑을 느끼지 못했다고 하니 도대체 그녀를 위해 무엇을 더 해야 할지 모르겠어요."

수잔을 돌아다보자 그녀가 말했다.

"채프먼 박사님, 그런 것들은 다 좋아요. 하지만 내가 원하는 것은 같이 앉아 대화하는 것이에요. 우린 대화 시간을 가져 본 적이 없어요. 그는 설거지도 하고, 청소도 하고, 잔디도 깎아요. 그는 항상 무엇인가를 합니다. 나는 그가 시간을 내어 나와 함께 앉아 서로 바라보면서 우리 자신과 우리의 삶에 대한 이야기를 하고 싶은 거예요."

수잔은 다시 울고 있었다. 그녀의 제1의 사랑의 언어는 '함께하는 시간'임이 분명했다. 그녀는 관심을 받기 위해 울었다. 그녀는 물건이 아닌 인격체로 대우받고 싶은 것이다. 존의 분주함은 그녀의 감정적 욕구를 채워 주지 못한 것이다.

존과 대화하는 가운데 그도 역시 사랑을 느끼지 못하고 있음을 발견했다. 그는 '35년간이나 결혼 생활을 했고, 재정 문제도 없고, 싸움도 하지 않는데 더 이상 무엇을 바라는가?'라고 생각했다. 그는 그렇게 생각하고 있었다.

하지만 나는 "당신이 생각하는 이상적인 아내상은 어떤 것인가요? 당신의 생각에 완전한 아내는 어떤 여자를 말하나요?"라고 질문했다.

그는 처음에 나를 빤히 바라보기만 하더니 "정말 알고 싶으세요?"라고 물었다.

"네." 내가 대답했다.

가슴에 팔짱을 낀 채 고쳐 앉더니, 그가 입가에 큰 미소를 지으며 말했다.

"이런 꿈을 꿔 봤습니다. 완벽한 아내는 오후에 집에 오면 나를 위해 저녁을 준비합니다. 내가 정원에서 일하면 식사하라고 나를 부르지요. 저녁 식사가 끝나면 그녀는 설거지를 해요. 나도 돕겠지만 그녀가 책임을 집니다. 셔츠 단추가 떨어졌으면 제때에 단추도 달아 주고요."

수잔은 더 이상 참을 수 없다는 듯이 그를 쳐다보면서 "믿을 수 없군요. 당신, 요리하는 걸 좋아한다고 했잖아요"라고 했다.

"요리하는 것은 괜찮아. 단지 이상적인 것에 대해 말하라니까 그렇다는 것이지."

존의 제1의 사랑의 언어는 두말할 필요 없이 '봉사'인 것을 알았다. 존이 무엇 때문에 이 모든 일을 수잔을 위해 했다는 생각이 드는가? 그것이 바로 그의 사랑의 언어이기 때문이다. 그는 바로 그것이 사랑을 표현하는 방식이라고 생각했다. 즉 무엇인가를 해 주는 것으로 말이다.

문제는 '무엇인가를 해 주는 것'이 수잔의 사랑의 언어가 아닌 것이다. 그녀가 그를 위해 무엇인가를 했다면 그에게는 중요한 의미로 다가왔겠지만 그녀에게는 별 의미가 없었다.

존의 마음에 서광이 비치면서 그가 처음으로 한 말은 "지난 30년 동안 나에게 이런 말을 해 준 사람이 왜 단 한 명도 없었을까요? 일을 하는 대신 매일 밤 한 15분 정도 그녀와 대화를 나눌 수 있었을 텐데요"라는 것이었다.

그는 수잔을 향해 "당신이 '우리는 대화가 없어요'라고 하는 말이 무엇을 의미하는지 이제 깨달았어. 나는 우리가 대화를 한다고 생각했어요. 내가 늘 당신에게 '잘 잤소?'라고 할 때 대화를 하는 것으로 생각했지. 이제 알았어. 당신은 같이 앉아 서로 바라보면서 하는 대화를 원한다는 것을. 그것이 왜 당신에게 중요한지 알겠군. 그것이 바로 당신의 사랑의 언어이니 오늘 밤부터 해 봅시다. 지금부터 평생 매일 밤 15분을 당신을 위해 쓰겠어. 기대해도 좋소"라고 말했다.

수잔은 존을 쳐다보면서 "그럼 좋아요. 저녁 준비하는 것은 아무 문제가 되지 않아요. 내가 당신보다 좀 늦게 퇴근하므로 저녁이 평상시보다 늦을 수도 있죠. 하지만 저녁 식사 준비하는 것은 별문제 없어요. 그리고 셔츠의 단추도 기꺼이 달게요. 오랫동안 단추 없이 그냥 다니지 않도록 할게요. 당신이 사랑을 느낄 수 있도록 설거지도 평생 내가 할게요"라고 말했다.

수잔과 존은 집으로 돌아와 바른 사랑의 언어로 서로 사랑하기 시작했다. 두 달이 채 되기도 전에 그들은 제2의 허니문을 가지게 되었다. 그들은 바하마 섬에서 전화를 걸어 결혼 생활에 놀라운 변화가 있음을 내게 알려 주었다.

결혼 생활에서 사랑의 감정이 다시 생겨날 수 있는가? 그렇다고 장담할 수 있다. 그 열쇠는 바로 배우자의 사랑의 언어를 배우고 그것을 사용하기를 선택하는 것이다.

생각하기

당신의 아내/남편은 당신이 '중요한 사람'이라고 느끼게 하는가?
또 당신은 어떻게 하는가?

3

미운 사람
사랑하기

아름다운 9월의 어느 토요일, 아내와 나는 레이놀다 가든에서 산책하며 세계 곳곳에서 들여온 꽃을 구경하고 있었다. 이 정원은 본래 레이놀즈라는 담배 회사 재벌이 그의 땅의 일부를 개발한 것으로 지금은 웨이크포레스트대학의 일부이다. 장미 꽃밭을 막 지나가는데 2주 전에 상담하러 왔던 앤이라는 여자가 다가오고 있었다. 그녀는 보도에 깔린 조약돌을 내려다보면서 깊은 사색에 잠긴 듯했다. 내가 인사를 하니 깜짝 놀라 고개를 들고 웃었다. 캐롤린을 소개하니 서로 인사를 주고받았다. 그러더니 단도직입적으로 내가 들어 본 중에 가장 심오한 질문을 하는 것이었다.

"채프먼 박사님, 미운 사람을 사랑한다는 것이 가능한 일입니까?"

이 질문은 아주 깊은 상처로부터 나오는 것으로 사려 깊은 대답을 해야 한다는 것을 직감했다. 다음 주에 그녀와 상담 약속이 되어 있었기에 "앤, 사실 그 질문은 내가 받은 질문 가운데 가장 어려운 질문이기에 생각을 좀 해 봐야겠습니다. 다음 주에 만나 함께 얘기하면 어떨까요?"라고 했다. 그녀가 그 말에 동의하기에 캐롤린과 나는 계속 산책을 했다. 그러나 앤의 질문이 내 머리를 떠나지 않았다. 나중에 집에 돌아오는 길에 캐롤린과 나는 그 문제에 대해 토의했다. 우리의 결혼 생활 초기를 회상해 보며 서로 미워했던 경험을 기억했다. 서로 비난하는 말들이 마음에 상처를 주고 급기야는 상처와 분노로 이어졌다. 분노를 품고 있으면 미움이 된다. 무엇이 우리를 변화시켰는가? 우리 부부는 사랑은 선택이라는 것을 알았다. 상대방에게 요구하고 비난하는 일을 계속하면 결혼 생활에 파탄이 올 것을 깨달았다. 다행히도 약 1년이 지나고 나서 서로 비난하지 않고 어떻게 차이점을 의논할 수 있는지, 결속을 파괴하지 않고 어떻게 의사 결정을 할 수 있는지, 명령하지 않고 어떻게 건설적인 제안을 할 수 있는지, 마지막으로 어떻게 서로의 사랑의 언어를 구사하는지를 배웠다.

사랑의 선택은 서로가 부정적 감정을 갖고 있던 중에 이루어졌다. 일단 서로의 사랑의 언어를 구사하기 시작하니 분노나 미움의 감정은 줄어들었다. 앤은 우리 경우와 달랐다. 캐롤린과 나는 모두 마음을 열고 배우고 성장하려고 했었다.

앤의 남편은 그렇지 않았다. 그녀는 지난주에 남편에게 같이 상담받으러 가자고 애원했었다고 했다. 그녀는 결혼 생활에 대한 책이나 테이프라도 들어 보라고 간청했지만 그는 성장을 위한 그녀의 모든 노력을 거절했다. 그녀에 따르면 그의 태도는 "나는 아무 문제 없어. 문제가 있는 쪽은 바로 당신이야"라는 식이었다. 그의 생각에 그는 옳았고 그녀는 틀렸다. 문제는 이렇게 간단했다. 남편을 향한 그녀의 사랑은 수년 동안 계속된 남편의 끊임없는 비판과 비난으로 사라져 버렸다. 10년 동안 결혼 생활을 하고 나니 그녀의 감정은 완전히 고갈되었으며 자존감도 거의 파괴되었다. 앤의 결혼 생활에 희망이 있을까? 그녀가 미워하는 남편을 다시 사랑할 수 있을까? 그가 그녀에게 사랑으로 반응할 수 있을까?

사랑의 가장 위대한 도전

앤은 신앙심이 아주 깊었고 교회도 열심히 출석했다. 결혼 생활을 회복할 수 있는 유일한 소망은 바로 그녀의 믿음이라고 나는 추측했다. 그 다음 날 나는 앤을 마음에 두고 그리스도의 생애에 대한 누가복음을 읽기 시작했다. 누가는 의사로서 아주 세밀한 관심을 가지고 1세기의 나사렛에 사는 예수님의 가르침과 생애를 질서 정연하게 기록했기 때문에 나는 언제나 그의 말씀에 경탄하게 된다. 나는 예수님의 가장 위대한 설교 가운데서 다음 말씀을 읽었다. 그것은 내가 '사랑의 가장 위대한 도전'이라고 부르는 것이다.

그러나 너희 듣는 자에게 내가 이르노니 너희 원수를 사랑하며 너희를 미워하는 자를 선대하며 너희를 저주하는 자를 위하여 축복하며 너희를 모욕하는 자를 위하여 기도하라 … 남에게 대접을 받고자 하는 대로 너희도 남을 대접하라 너희가 만일 너희를 사랑하는 자만을 사랑하면 칭찬받을 것이 무엇이냐 죄인들도 사랑하는 자는 사랑하느니라(눅 6:27-28, 31-32).

2천 년 전에 기록된 이 심오한 도전은 앤이 찾고 있는 지침 같았다. 하지만 그녀가 이렇게 할 수 있을까? 누가 그럴 수 있을까? 원수가 된 배우자를 사랑한다는 것이 가능할까? 당신을 저주하고 모욕하고 경멸과 미움의 감정을 나타내는 자를 사랑하는 것이 가능할까? 그렇게 하면 반응이 있을까? 그녀의 남편이 변화되어 그녀에게 사랑과 관심을 표현할 수 있을까?

예수님의 다음 말씀에 나는 놀라지 않을 수 없었다.

주라 그리하면 너희에게 줄 것이니 곧 후히 되어 누르고 흔들어 넘치도록 하여 너희에게 안겨 주리라 너희가 헤아리는 그 헤아림으로 너희도 헤아림을 도로 받을 것이니라(눅 6:38).

미운 사람을 사랑하라는 원리는 앤의 경우처럼 파국에 처한 부부 사이에도 통할 수 있을까? 나는 한번 시도해 보기로 결심했다. 앤이 남편의 사랑의 언어를 배워 일정 기간 동안 그것을 구사해 그의 사랑의 욕구를 충족시켜 주면 그도 결국은 그 응답으로 사랑을 표현할 것이라는 가정을 세웠다. '정말 그렇게 될 수 있을까?'라는 생각이 들긴 했다.

다음 주에 나는 앤을 만나 그녀가 결혼 생활에서 받은 상처에 대해 다시 들었다. 그녀는 이야기 말미에 지난번 레이놀다 가든에서 던졌던 질문을 되풀이했다. 이번에는 이런 식으로 물었다.

"채프먼 박사님, 그가 내게 그렇게 했는데 다시 그를 사랑할 수 있을지 모르겠습니다."

나는 "친구들과 이 상황에 대해 의논해 보았어요?"라고 물었다.

그녀는 "가장 가까운 친구 두 명과 얘기했어요. 그리고 몇몇 사람들에게는 대강 얘기했지요"라고 대답했다.

"친구들의 반응은 어떠했나요?"

"집어치우라더군요. 모두 내게 그만두라고 했습니다. 그는 절대 변하지 않을 것이며 단지 내 고통만 연장된다고 했어요. 하지만 전 그렇게 할 수 없어요. 현실을 생각하면 그래야 되는데, 그렇게 하는 것이 옳은 일이라고 믿을 수 없거든요."

"당신은 지금 이혼하는 것이 잘못이라고 하는 종교적 도덕적 신념과 그것이 유일하게 살 수 있는 방법이라는 감정적 고통 사이에서 갈등하고 있는 듯하군요"라고 말했다.

"맞아요. 그게 바로 제가 느끼는 거예요. 어떻게 해야 할지 모르겠어요."

"얼마나 고통스럽겠습니까? 당신은 매우 힘든 상황에 처해 있습니다. 손쉬운 해결책을 주고 싶지만 그렇게 할 수 없군요. 당신이 말한 대로 이혼하든 안하든, 두 가지 다 당신에게 큰 고통을 안겨 줄 것입니다.

결정을 내리기 전에 내게 한 가지 생각이 있습니다. 그것이 잘될지 나도 잘 모르겠어요. 하지만 한번 시도해 보세요. 믿음이 당신에게 무척 중요하다고 내게 말했지요? 그리고 예수님의 가르침도 소중하게 생각하고요?"

그녀가 긍정하는 표시로 고개를 끄덕거렸다.

나는 계속해 "예수님이 말씀하신 것을 읽어 보고 싶은데, 당신의 결혼생활에 이것을 적용했으면 합니다"라고 했다. 나는 아주 천천히 그리고 또박또박 읽었다.

> 그러나 너희 듣는 자에게 내가 이르노니 너희 원수를 사랑하며 너희를 미워하는 자를 선대하며 너희를 저주하는 자를 위하여 축복하며 너희를 모욕하는 자를 위하여 기도하라 … 남에게 대접을 받고자 하는 대로 너희도 남을 대접하라 너희가 만일 너희를 사랑하는 자만을 사랑하면 칭찬받을 것이 무엇이냐 죄인들도 사랑하는 자는 사랑하느니라(눅 6:27-28, 31-32).

"당신 남편에 대한 말씀으로 들리나요? 그가 당신을 친구가 아니라 원수로 대했나요?"라고 물었다.

그녀는 머리를 끄덕거렸다.

"그가 저주도 했나요?" 내가 물었다.

"많이 그랬습니다."

"모욕도 했습니까?"

"자주 그랬어요."

"당신을 미워한다고 했습니까?"

"네."

"앤, 당신이 해 볼 생각이 있다면 한번 실험해 보고 싶군요. 당신의 결혼 생활에 이 원리를 적용하면 무슨 일이 일어나는가 보고 싶어요. 내가 잘 설명해 드릴게요."

6개월간의 실험

나는 감정의 탱크가 무엇인지, 앤이 그러하듯이 감정의 탱크가 수위가 낮아지면 배우자에 대한 사랑의 감정은 사라지고 단지 공허함과 고통만이 따른다는 사실을 설명해 주었다. 사랑이 깊은 감정의 욕구이므로 사랑이 없으면 깊은 감정의 고통을 겪게 된다. 배우자의 사랑의 언어를 배워 구사하면 그의 감정적 욕구가 충족되므로 긍정적 감정이 되살아날 수 있음을 그녀에게 말했다.

"이해가 되나요?"라고 물어보았다.

"채프먼 박사님, 내 생활을 있는 그대로 말씀하는군요. 이제까지 내 생활을 그렇게 분명하게 이해하지 못했습니다. 결혼 전에는 서로 사랑했으나 결혼하고 얼마 되지 않아 좋았던 감정은 서서히 사라졌고 서로의 사랑의 언어를 구사하는 것은 배우지 못했습니다. 오랫동안 내 사랑 탱크는 텅 비어 있었고 분명 그의 것도 그랬을 겁니다. 박사님, 좀 더 일찍 이 개념을 알았다면 이렇게까지 되지는 않았을 텐데 말입니다."

"앤, 과거로 돌아갈 수는 없어요. 단지 할 수 있는 일은 미래를 변화시키는 것입니다. 6개월간 실험을 해 보라고 권하고 싶습니다."

"무엇이든 다 하겠어요"라고 앤이 대답했다.

그녀의 적극적 태도가 마음에 들었지만 그 실험이 얼마나 힘들 것인가를 충분히 이해하고 있는지 확신할 수 없었다.

"우선 우리의 목표를 적어 봅시다. 6개월 이내에 가장 변했으면 하는 것이 무엇입니까?"

앤은 한동안 침묵하더니 아주 진지하게 "글랜이 다시 나를 사랑하고 그것을 함께 시간을 보내는 것으로 표현하는 것이지요. 함께 무엇인가를 하고, 함께 어디로 가고 싶습니다. 그가 내 세계에 관심을 갖고 있음을 느끼고 싶죠. 둘이 대화하면서 외식도 하고 싶고요. 내 말에 경청하는 것도 보고 싶습니다. 내 생각을 소중히 여기는 것도 보고 싶습니다. 함께 여행하며 다시 재미있는 시간도 갖고 싶습니다. 그가 우리의 결혼생활을 그 밖의 어떤 것보다 더 중요하게 여기는 것을 보고 싶습니다."

잠깐 쉬더니 앤은 계속해서 "내 쪽에서는 그에 대한 따뜻하고 긍정적 감정을 다시 갖는 것입니다. 그에 대한 존경심도 다시 갖고 싶고요. 그를 자랑스러워하고 싶습니다. 하지만 지금은 그런 감정이 전혀 없습니다"라고 했다. 나는 앤의 말을 받아 적고 있었다. 그녀가 말을 멈추자 나는 적은 내용을 큰 소리로 읽었다.

"아주 힘든 목표지만 당신이 진정으로 원하는 것이지요?"

"지금은 불가능한 목표 같지만 내가 그 무엇보다도 간절히 원하는 거예요."

"그러면 우리의 목표는 이것입니다. 6개월 후 당신과 글랜이 이런 사랑의 관계를 가지는 것입니다. 자, 가설을 세우겠습니다. 우리의 실험은 이 가설이 참인지 거짓인지를 증명하려는 것입니다. 가설은 이렇습니다. 당신이 글랜의 사랑의 언어를 6개월간 계속 구사하면 그동안 그의 감정적 욕구가 충족될 것입니다. 그의 사랑 탱크가 채워짐에 따라 그도 당신에게 사랑으로 반응할 것입니다. 이 가설은, 사랑을 갈망하는 감정적 욕구는 인간의 가장 심오한 감정적 욕구이며, 이 욕구가 충족되면 상대방에게 긍정적으로 대하려는 경향이 있다는 생각을 근거로 합니다."

나는 계속해서 "이 가설은 바로 당신으로부터 시작합니다. 글랜은 전혀 노력하지 않습니다. 바로 당신이 해야 합니다. 바른 방향으로 당신의 에너지를 쏟으면 글랜이 점차 반응을 나타낼 가능성이 있음을 이 가설은 시사합니다"라고 말했다.

나는 예수님의 또 다른 말씀을 읽었다.

주라 그리하면 너희에게 줄 것이니 곧 후히 되어 누르고 흔들어 넘치도록 하여 너희에게 안겨 주리라 너희가 헤아리는 그 헤아림으로 너희도 헤아림을 도로 받을 것이니라(눅 6:38).

"내가 이해하기로는 예수님은 사람을 다루는 법을 가르치신 것이 아니라 원리를 말씀하신 것입니다. 일반적으로 우리가 친절하고 사랑스럽게 대하면 상대도 친절하고 사랑스럽게 대합니다. 우리가 친절하게 대함으로써 상대를 친절한 사람으로 만들 수 있다는 말이 아닙니다. 우리 모두는 자주적 행위자들입니다. 그러므로 우리는 사랑에 퇴짜를 놓고 사랑으로부터 뛰쳐나올 수도 있고 심지어 사랑의 면전에 침을 뱉을 수도 있습니다. 글랜이 당신의 사랑의 행위에 반응할 것이라 보증할 수도 없지요. 단지 그럴 가능성이 높다는 것뿐입니다."

상담가는 개인의 행동을 확실하게 예언할 수 없다. 조사나 성격에 대한 연구를 기초로 해서 단지 주어진 환경에서 어떻게 반응할 가능성이 있음을 예언할 뿐이다.

앤이 가설을 긍정하기에 "그러면 당신과 글랜의 사랑의 언어에 대해 이야기합시다. 이미 내가 들은 바에 의하면 당신의 사랑의 언어는 '함께하는 시간' 같은데, 그렇습니까?"라고 물었다.

"네, 그런 것 같아요. 결혼 초기에는 시간을 함께 보내며 글랜은 내 말에 귀를 기울이고 오랜 시간 동안 서로 대화하며 함께 무엇인가를 하기도 했습니다. 나는 사랑받고 있음을 느꼈어요. 무엇보다 우리 결혼 생활에서 그 부분이 회복되었으면 합니다. 우리가 함께 시간을 보낼 때는 내가 사랑받고 있다는 것을 느끼지만 그가 나와 이야기할 시간도 없이 다른 일을 하고 있으면 나는 우리의 관계보다 사업이나 그 밖에 다른 것들이 그에게 더 중요한 것으로 느껴집니다."

"그러면 글랜의 사랑의 언어는 무엇인가요?" 내가 물었다.

"제 생각에는 '스킨십' 같은데, 특히 성적 부분이에요. 그가 나를 사랑한다고 느끼고 우리의 성관계가 더 활발했을 때, 그는 내게 참 잘 대해 주었거든요. 바로 그게 그의 사랑의 언어예요."

"당신이 그를 대하는 방식에 대해 불평한 적은 없었나요?"

"있어요. 그러면 그는 내가 잔소리를 한다고 생각해요. 내가 그를 지지하지 않고 그의 생각에 반대만 한다고 했어요."

"그럼 좀 생각해 봅시다. '스킨십'이 그의 제1의 사랑의 언어이고 '인정하는 말'은 제2의 사랑의 언어 같군요. 제2의 사랑의 언어를 말한 이유는 그가 부정적 말에 대해 불평한다면 긍정적 말은 의미 있게 받아들일 것이기 때문입니다.

자, 이 가설을 테스트할 계획을 세워 봅시다. 집에 가면 글랜에게 '우리 부부 사이에 대해 생각해 보았어요. 그래서 나는 당신에게 좀 더 좋은 아내가 되기로 결심했어요. 어떻게 해야 좋은 아내가 될 수 있는지 당신에게 좋은 생각이 있으면 말해 봐요. 마음을 열고 받아들일 테니까요. 지금 당장 말해도 좋아요. 아니면 생각해 보고 내게 알려 줘요. 좋은 아내가 되기 위해 노력할 거예요'라고 말해 보세요. 그의 반응이 긍정적이든 부정적이든 간에 그대로 받아들이세요. 이 처음의 말로 부부 관계에 무슨 변화가 일어나고 있다는 것을 그에게 알려야 합니다.

그의 제1의 사랑의 언어는 '스킨십'이고 제2의 사랑의 언어는 '인정하는 말'이라는 추측을 토대로 당신은 한 달 동안 이 두 가지에 집중해야 합니다.

글랜이 좋은 아내가 될 수 있는 제안을 하면 그것을 받아들여 계획에 첨가하세요. 글랜의 긍정적 면을 보고 그것을 말로 칭찬하세요. 그리고 불평하는 말을 중지하세요. 만일 불만 사항을 토로하고 싶으면 글랜에게 하지 말고 수첩에 기록하세요.

스킨십이나 성관계도 먼저 시도해 보세요. 그가 이끄는 대로 따라만 하지 말고 적극적으로 주도해 그를 놀라게 하세요. 성관계도 처음 2주간은 1주에 한 번씩 그리고 그다음 2주간은 1주에 두 번씩, 이런 식으로 목표를 세워 보세요."

앤은 지난 6개월간 단지 한두 번의 성관계를 가졌었다고 내게 말했다. 나는 이 계획이 문제의 핵심을 신속하게 해결할 것이라고 생각했다.

"채프먼 박사님, 그건 좀 힘들 것 같아요"라고 앤이 말했다.

"그가 나를 무시할 때 성적으로 반응하기가 힘들었어요. 성관계 때 나는 사랑받는다는 느낌보다 이용당하고 있다는 느낌을 받아요. 그는 내가 전혀 중요하지 않은 것처럼 굴다가 갑자기 나를 침대로 끌어들여 내 몸을 이용하는 것 같았어요. 나는 그게 싫었어요. 그래서 아마도 지난 수년간 별로 성관계를 갖지 않은 것 같아요."

"당신의 반응은 지극히 자연스럽고 정상적입니다. 대부분의 아내는 남편이 자기를 사랑한다고 느낄 때 자연스럽게 성적 욕구가 생깁니다. 사랑을 느끼지 못한다면 성적으로 이용된다고 느끼죠. 바로 그것 때문에 나를 사랑하지 않는 사람을 사랑하는 것이 어렵습니다. 자연스럽게 일어나는 감정과 반대니까요. 그렇게 하기 위해 당신은 아주 철저하게 하나님께 의지해야 합니다. 원수나 나를 미워하는 자나 이용하는 자까지 사랑하라는 예수님의 말씀을 읽고 이러한 말씀을 실제로 적용할 수 있도록 하나님께 기도하십시오."

앤이 내 말을 잘 듣고 있기에 나는 계속해 말을 했다. 앤은 고개를 약간씩 끄덕거렸다. 그러나 그녀의 눈빛은 많은 질문이 있어 보였다.

"채프먼 박사님, 그렇지만 감정은 그렇지 않은데 성관계를 갖는다는 것은 위선이 아닐까요?"

"좋아요, 그럼 사랑의 감정과 사랑의 행위를 구별해 봅시다. 당신이 전혀 없는 감정을 있다고 한다면 바로 그건 위선이고 긴밀한 관계를 만들 수 없습니다. 그러나 상대방의 유익이나 만족을 위해 사랑의 행위를 한다면 그것은 단순히 선택입니다. 행동은 반드시 깊은 감정적 연대감에서만 나온다고 단언하지 마세요. 단지 그의 유익을 위해 선택하는 것입니다. 바로 그것이 예수님이 말씀하신 것이라고 생각합니다.

우리를 미워하는 사람에게 따뜻한 감정이 없는 것은 당연합니다. 따뜻한 감정을 갖는다는 것이 비정상이죠. 그러나 그들을 위해 사랑의 행위를 할 수는 있습니다. 단지 선택하는 것입니다. 그러한 사랑의 행동은 그들의 태도나 행동이나 처신에 상당히 긍정적 영향을 미칠 것입니다.

적어도 무엇이든 그들에게 긍정적인 것을 선택하라는 것이죠."

앤은 내 답변에 만족스러워하는 것 같았다. 그것을 다시 의논해야겠다는 생각이 들었다. 나는 이 실험이 잘되면 아마 그건 앤의 깊은 신앙심 때문일 것이라는 생각도 들었다.

"처음 한 달이 지난 후 글랜에게 물어보세요. '글랜, 몇 주 전에 이제 좋은 아내가 되기 위해 노력하겠다고 한 말을 기억하나요? 내가 잘하고 있는지 당신의 생각을 알고 싶어요'라고 물어보세요.

글랜이 무어라 하든 그대로 받아들이세요. 그는 냉소적이고 무례하고 적대적일 수도 있고 긍정적일 수도 있어요. 그의 반응이 어떻든지 말다툼하지 말고 받아들이고, 진지하게 정말 좋은 아내가 되고 싶으니 제시하고 싶은 것이 있으면 마음 놓고 말하라고 하세요.

이런 식으로 6개월 동안 한 달에 한 번 정도 피드백을 받으세요. 글랜이 긍정적 반응을 보이기 시작한다면 당신의 노력이 그의 감정에 영향을 미치기 시작한 것입니다.

첫 반응이 있으면 일주일 후 글랜에게 당신의 사랑의 언어를 말해 보세요. 예를 든다면 '글랜, 내가 지금 무엇을 하고 싶은지 알아요? 우리가 레이놀다 가든을 자주 산책했던 것 기억나죠? 목요일 저녁에 당신과 거기에 가고 싶어요. 아이들은 엄마 집에 갈 거예요. 당신, 같이할 수 있어요?'라고 말해 보세요.

대충 말하지 말고 구체적으로 요청하세요. '내가 당신과 함께 있고 싶은 것 당신 알지요?'라는 식으로 말하지 마세요. 그건 너무 모호해요.

그가 그 말대로 한들 당신이 그것을 알 수 있을 것 같아요? 하지만 구체적으로 부탁하면 당신이 요구하는 것을 그가 정확하게 알고 당신을 위해 그것을 하기로 선택할 것입니다.

매달 이렇게 하세요. 그가 들어주면 좋지만 들어주지 않아도 괜찮아요. 그가 들어준다면 이는 바로 당신의 요구에 반응을 나타내는 것이지요. 그러면서 당신의 사랑의 언어를 가르치는 것입니다. 왜냐하면 당신은 당신의 사랑의 언어와 관계된 것을 요구하기 때문이죠. 그가 당신의 사랑의 언어로 당신을 사랑하기 시작하면 그에 대한 당신의 감정도 되살아날 것입니다. 당신의 감정의 탱크가 채워지기 시작할 것이고, 다시 신혼이 될 거예요."

"채프먼 박사님, 그렇게만 된다면 무엇이든지 하겠어요"라고 앤이 말했다.

"어려운 일이긴 하나 시도해 볼 만합니다. 나는 사실 개인적으로 이 실험이 성공할는지, 우리가 세운 가설이 사실일지 보고 싶거든요. 이 일을 진행하면서 나와 2주일에 한 번씩 만나면 좋겠어요. 매주 당신이 글랜에게 한 인정하는 말을 기록해 주세요. 또한 불만 사항을 기록한 것들을 글랜에게 말하지 말고 내게 가져오세요. 내가 불만 사항을 보고 당신이 맛본 좌절감을 극복할 수 있도록 글랜에게 어떻게 요청할 것인지 조언할게요. 당신의 좌절감이나 분노를 건설적으로 나누는 방법을 알려줄게요. 그래서 당신과 글랜이 분노와 갈등을 해결하는 법을 배우게 되기 원합니다. 그러나 6개월 동안은 글랜에게 말하지 말고 적으세요."

앤은 떠났다. 그리고 그녀가 "미워하는 사람을 사랑한다는 것이 가능한 일인가요?"라고 한 질문에 대한 답을 얻었다고 믿었다.

그 후 6개월 동안 앤은 자기를 대하는 글랜의 태도나 말에서 놀라운 변화를 보았다. 첫 달에 그는 모든 일을 가볍게 여겼다. 하지만 둘째 달부터 그는 그녀의 노력에 긍정적 반응을 나타냈다. 마지막 넉 달 동안 그는 그녀가 요구하는 것의 대부분에 긍정적으로 반응했기에, 그녀의 감정도 급격하게 변하기 시작했다. 글랜은 한 번도 직접 상담을 받으러 오지는 않았지만 내 테이프를 듣고 앤과 논의도 했다. 그는 앤에게 계속 상담을 받으라고 격려해 실험 이후에도 3개월을 더 상담했다. 지금까지 글랜은 친구들에게 내가 기적을 만드는 사람이라고 떠든다. 그러나 사실 사랑이 기적을 만들어 낸 것이다.

어쩌면 당신의 결혼 생활에도 기적이 필요할 것이다. 당신도 앤처럼 실험을 해 보지 않겠는가? 더 좋은 배우자가 되기로 결심했다고 말하라. 어떻게 하면 좋을지 제안해 달라고 부탁도 하라. 그가 제안하는 것이 바로 그의 사랑의 언어일 수 있다. 제안을 하지 않으면 수년간 그가 했던 불만을 토대로 그의 사랑의 언어를 추측해 보라. 그리고 6개월 동안 그의 사랑의 언어에 집중하라. 월말에는 배우자의 피드백을 받고 또 제안을 하도록 부탁하라.

배우자가 당신의 변화를 알아차리면 일주일을 기다렸다가 구체적인 요청을 하라. 그 요청은 당신에게 꼭 해 주었으면 하는 것이어야 한다. 그가 그렇게 하면 그는 당신의 요구에 반응한 것이다. 당신의 요청을 들어주지 않더라도 계속 사랑하라. 다음 달에 긍정적 반응을 보일 수도 있다. 배우자가 당신이 요청한 것을 받아들여 당신의 사랑의 언어로 말하기 시작하면, 그에 대한 당신의 감정도 긍정적으로 변하고 점차 결혼 생활이 새로워질 것이다. 내가 그 결과를 보장할 수는 없다. 하지만 내가 상담한 많은 사람은 이 사랑의 기적을 체험했다.

생각하기

이 장에서 이야기한 것처럼 당신의 결혼 생활에 어려움이 있다면 굳은 결심을 하고 다음의 실험을 해야 할 것이다. 더 큰 고통과 거부를 당할 수도 있지만 건강하고 만족스러운 결혼 생활을 회복할 수도 있다. 값을 계산해 보면 시도할 만하다는 것을 알 것이다.

1. 남편 / 아내에게 어떻게 하면 더 좋은 배우자가 될 수 있는지 물어본다. 그리고 상대방의 태도와는 상관없이 그가 말한 것을 행동에 옮긴다. 계속 더 많이 노력하면서 마음과 의지를 다해 상대방이 바라는 것을 들어준다. 순수한 동기에서 그렇게 한다는 것을 인식시킨다.

2. 긍정적 피드백이 오면 발전이 있는 것이다. 매월 한 가지 구체적인 부탁을 한다. 부담이 되지 않고 상대방이 쉽게 할 수 있는 것이어야 한다. 또 당신의 사랑의 언어와 일치하는 것이어야 하고 사랑 탱크를 채울 수 있는 것이어야 한다.

3. 배우자가 반응을 보여 당신의 욕구를 충족시킨다면, 당신은 의지뿐 아니라 감정으로도 반응을 보일 수 있게 될 것이다. 이 때문에 지나치게 반응하지 말고 계속 긍정적 피드백과 칭찬을 한다.

4. 결혼 생활이 진정으로 치유되고 성장하기 시작하면 '이룬 성취에 안주'하여 배우자의 사랑의 언어와 매일의 욕구를 잊는 일이 없도록 한다. 이제 꿈이 이루어지고 있다. 계속 노력하라! 당신의 노력을 함께 평가해 보는 날을 계획한다.

맺는 말

 당신은 어떻게 생각하는가? 이 책을 읽으면서 여러 부부의 삶을 들여다보고, 조그만 마을과 큰 도시를 방문하고, 상담실에 앉아 보고, 식당에서 사람들과 이야기를 나누면서 당신은 무엇을 생각했는가? 이 개념들이 당신의 결혼 생활의 감정적 분위기를 근본적으로 변화시킬 수 있겠는가? 배우자의 사랑의 언어를 찾아서 끊임없이 구사하면 어떤 일이 일어나겠는가?

 당신이나 나나 직접 시도해 볼 때까지 어느 누구도 대답할 수 없다. 내가 인도하는 결혼 생활 세미나에서 이 개념을 들은 많은 부부가 사랑을 선택하고 배우자의 사랑의 언어로 표현하면 굉장한 변화가 일어났다고 말한다. 사랑에 대한 감정적 욕구가 충족될 때, 부부가 결혼 생활을 더 생산적인 방식으로 이끌어 갈 분위기가 조성된다.

마크와 로빈을 생각해 보자. 로빈은 마크의 사랑의 언어가 '인정하는 말'로, 보통 구체적인 표현("나를 지켜 주니 좋아요. 그래서 내가 사랑받는 기분이에요") 임을 알게 되었다. 그녀는 이렇게 말했다.

"그것이 남편을 이해하는 데 큰 도움이 돼요. 그렇다고 항상 말을 제대로 한다는 건 아니에요. 그렇지만 단순히 그의 기질을 아는 것만으로도 더 가까워질 수 있었어요."

로빈은 자신의 사랑의 언어는 '봉사'라고 했다.

"마크는 나를 칭찬하곤 해요. 그것이 바로 그의 사랑의 언어이기 때문이지요. 왠지 모르지만 그것이 내겐 별로였어요. 그런데 내가 진정으로 좋아하는 것이 봉사라는 것— 아침에 커피를 타서 침실로 갖다주는 것처럼 작은 일일지라도—을 알고부터 우리의 결혼 생활이 크게 변하기 시작했어요."

우리는 서로 다른 성격과 과거 경험을 가진 채 결혼한다. 결혼할 때 감정의 짐도 가지고 온다. 기대하는 것도 다르고, 일에 접근하는 방식도 다르고, 인생에서 중요한 것에 대한 견해도 다르다. 건강한 결혼 생활이 되려면 이 다양한 관점을 반드시 다루어야 한다. 모든 것에 일치할 필요까지는 없지만 반드시 서로의 차이를 해결하는 방법을 찾아야 한다. 그래야 그것 때문에 틈이 벌어지는 일이 생기지 않는다. 사랑 탱크가 비면 부부 사이에 다툼이 일어나고 거리가 벌어진다. 어떤 부부는 다투다가 언어적, 신체적 폭력을 행사하기도 한다. 그러나 사랑 탱크가 가득 차면 이해하려는 우호적인 분위기가 이루어져 차이를 인정하고 타협하려고 한다. 내가 확신하는 바로는 사랑에 대한 감정적 욕구를 채워 주는 것만큼 결혼 생활에 큰 영향을 주는 것은 없다.

어떤 사람은 사랑할 수 있는 능력이 없는 것 같다. 특히 배우자가 사랑해 주지 않을 때 그런 것 같다. 그런 사랑을 하기 위해서는 영적 힘을 얻어야 할 것이다. 오래전 내가 결혼 문제에 부딪혔을 때, 나의 영적 뿌리를 다시 발견할 수 있었다. 나는 기독교 가정에서 자라났기에 그리스도의 삶을 다시 살펴보았다. 예수 그리스도가 자기를 죽이려는 사람들을 위해 "아버지여 저들을 용서하소서. 저들이 하는 일을 알지 못합니다"라고 기도하신 것을 읽고 나는 그런 사랑이 부족함을 알게 되었다. 내 삶을 그리스도께 맡겼고, 그러자 그분이 사랑할 수 있는 내면의 영적 에너지를 공급해 주셨다. 특히 사랑이 호응받지 못할 때 그랬다. 이 나라의 이혼율이 높은 것은 수많은 부부가 사랑 탱크가 텅 빈 채 살아가고 있다는 증거다. 나는 이 책에 소개한 개념들이 결혼 생활과 가정 생활에 큰 영향을 미치리라 믿는다.

이 책은 대학 도서관에 쌓아 둘 학술 서적으로 쓴 것이 아니다. 물론 사회학과 심리학 교수들이 결혼과 가정 생활에 대해 강의하는 데 도움이 되기를 바란다. 그러나 결혼 생활에 대해 공부하는 사람들이 아니라 결혼한 사람들, 사랑에 빠진 감정에 취한 사람들, 서로를 최고로 행복하게 해 주겠다는 부푼 꿈을 가지고 결혼했지만 현실을 만나 그 꿈을 송두리째 잃을 위험에 처한 사람들을 위해 썼다. 나는 많은 부부가 그들의 꿈을 다시 발견할 뿐 아니라 그 꿈을 이룰 길도 발견하기 바란다.

나는 결혼한 부부들의 잠재력이 발현되어 인류에 공헌하게 될 날이 오기를 꿈꾼다. 그때 남편과 아내는 사랑 탱크가 가득한 삶을 살면서 개인과 커플로 그들의 잠재력을 발휘하기 위해 힘쓸 것이다. 나는 자녀들이 사랑과 안전으로 가득 찬 가정에서 자랄 수 있는 날이 오기를 꿈꾼다. 그때 자녀들은 충만한 에너지를 자기들이 집에서 얻지 못한 사랑을 위해 쏟지 않고 배우고 섬기는 데 쏟게 될 것이다. 비록 작은 책이지만 당신을 비롯한 많은 사람의 결혼 생활에 사랑의 불길이 다시 타오르게 하는 데 도움이 되기를 소망한다.

당신을 위해 이 글을 쓴다. 이 책이 당신의 삶을 변화시키기 바란다. 그렇게 되면 다른 사람에게도 권하기 바란다. 가족이나 형제자매, 결혼한 자녀들, 회사 사람들, 같은 교회나 단체 사람들에게 한 권씩 전해 주기 바란다. 누가 아는가? 그들도 우리의 꿈이 이루어지는 것을 함께 보게 될지.

The Five Love
Languages

부록

사랑의 언어 FAQ
5가지 사랑의 언어 검사 _남편용
5가지 사랑의 언어 검사 _아내용
남편과 아내의 사랑의 언어 비교표

사랑의 언어
FAQ

Q1 나의 사랑의 언어를 알 수 없으면 어떻게 하나요?

Q2 배우자의 사랑의 언어를 알 수 없으면 어떻게 하나요?

Q3 나이가 들면 사랑의 언어가 변하나요?

Q4 5가지 사랑의 언어가 아이들에게도 적용될까요?

Q5 자녀들의 사랑의 언어가 십대가 되면 변합니까?

Q6 배우자의 사랑의 언어가 나에게 너무 어려우면 어떻게 하나요?

Q7 남성과 여성의 사랑의 언어에 차이가 있습니까?

Q8 5가지 사랑의 언어를 어떻게 해서 발견하게 되었습니까?

Q9 사랑의 언어는 다른 문화권에도 적용될까요?

Q10 『5가지 사랑의 언어』가 그토록 성공을 거둔 이유가 뭐라고 생각하십니까?

Q11 내가 배우자의 사랑의 언어를 말했는데 반응이 신통치 않으면 어떻게 해야 합니까?

Q12 성적 부정을 저지른 후에도 사랑을 회복할 수 있습니까?

Q13 사랑의 언어를 알고도 말하지 않으면 어떻게 해야 합니까?

Q14 결혼 생활을 한 지 30년이나 되었는데 사랑의 감정을 회복할 수 있을까요?

Q15 나는 싱글입니다. 사랑의 언어 개념이 나에게는 어떻게 적용될 수 있을까요?

Frequently Asked Quesstions

Q1 나의 사랑의 언어를 알 수 없으면 어떻게 하나요?

"'5가지 사랑의 언어 검사'를 해 보았는데, '선물' 외에는 거의 같은 점수가 나왔습니다. 하지만 선물이 나의 사랑의 언어가 아닌 것은 분명합니다."

A1 이 책에서 사랑의 언어를 확인하는 3가지 방법을 설명했습니다.
방법 1 먼저 당신이 다른 사람들에게 사랑을 표현할 때 자주 사용하는 방법을 관찰하십시오. 다른 사람들을 위해 정기적으로 봉사한다면 그것이 당신의 사랑의 언어일 수 있습니다. 늘 사람들에게 인정하는 말을 한다면 인정하는 말이 당신의 사랑의 언어입니다.

방법 2 자주 불평하는 것은 무엇입니까?
배우자에게 "내가 먼저 시작하지 않는 한 당신이 나를 만지는 것을 본 적이 없어요"라고 한다면, 스킨십이 당신의 사랑의 언어일 것입니다. 당신의 배우자가 출장을 다녀왔을 때 "뭐 가져온 것 없어요?"라고 한다면 선물이 사랑의 언어임을 암시하는 것일 수 있습니다. "우린 함께 지내 본 적이 없어"라고 한다면 함께하는 시간이 사랑의 언어일 수 있습니다. 불평은 내면의 소원을 보여 주는 것입니다. (가장 자주 불평하는 것이 무엇인지 알기 힘들다면 배우자에게 물어보기 바랍니다. 아마 말해 줄 것입니다.)

Frequently Asked Quesstions

방법 3 배우자에게 자주 부탁하는 것이 무엇입니까?
"등 좀 긁어 줄래요?"라고 한다면 스킨십을 요구하는 것일 수 있습니다. "이번 달에 주말 여행 좀 갈래요?"라고 한다면 함께하는 시간을 원하는 것입니다. "오늘 오후에 집안 청소 좀 해 줄래요?"라고 하는 것은 봉사를 원하는 것입니다. 이런 질문에 대한 대답은 당신의 제1의 사랑의 언어를 나타낼 가능성이 높습니다.

한 남편은 하나씩 지워 가는 과정을 통해 사랑의 언어를 확인했다고 했습니다. 그는 선물이 자기의 사랑의 언어가 아니라는 것을 알았습니다. 그러자 네 가지가 남았습니다. 그는 "이 네 가지 중에서 한 가지를 포기해야 한다면 어느 것을 버릴까?"라는 질문을 했습니다. 그의 대답은 함께하는 시간이었습니다. "남은 세 가지 중에서 한 가지를 포기해야 한다면 어느 것을 버릴까?" 그는 성관계를 제외한 신체 접촉을 포기할 수 있다고 생각했습니다. 그는 악수나 포옹, 등을 두드려 주는 일을 하지 않고도 지낼 수 있다고 생각했습니다. 이제 봉사와 인정하는 말만 남았습니다. 그는 아내가 해 주는 일을 감사하게 여겼지만 인정하는 말이 자기에게 힘을 준다는 것을 알았습니다. 아내가 긍정적인 말 한마디만 해 주면 하루 종일 즐거웠습니다. 그래서 인정하는 말이 제1의 사랑의 언어이고 봉사가 제2의 사랑의 언어임을 확인하게 되었습니다.

Frequently Asked Quesstions

Q2 배우자의 사랑의 언어를 알 수 없으면 어떻게 하나요?

"남편은 이 책을 읽지 않았습니다만 사랑의 언어에 대해 함께 의논했습니다. 그는 자신의 사랑의 언어를 모르겠다고 합니다."

A2 우선 『남성을 위한 5가지 사랑의 언어』를 읽으라고 하기 바랍니다. 그것은 특별히 남성들을 위해 만들어진 것이므로 즐겨 읽을 것입니다. 그 책을 읽고 나면 자신의 사랑의 언어에 대해 함께 이야기하고 싶어 할 것입니다. 그러나 책을 읽으려 하지 않으면 위에서 말한 세 가지 질문에 답해 볼 것을 권합니다.

질문 1 그가 다른 사람들에게 사랑을 표현할 때 주로 어떻게 하는가?
질문 2 그가 가장 자주 불평하는 것은 무엇인가?
질문 3 그가 가장 자주 요구하는 것은 무엇인가?

배우자의 불평을 늘으면 짜증이 나기 쉽지만 실제로는 소중한 정보를 얻을 수 있는 기회입니다. 배우자가 "함께 시간을 보낸 일이 없어."라고 할 때, "무슨 소리하는 거예요? 지난번 저녁에도 외식했잖아요"라고 응수하고 싶을 것입니다. 그렇게 방어하면 대화가 막혀 버립니다. 대신에 "그럼 어떻게 하면 좋겠어요?"라고 한다면 쉽게 답을 얻을 것입니다. 배우자의 불평은 제1의 사랑의 언어를 잘 알려 주는 계기판입니다.

Frequently Asked Quesstions

다른 한 가지 방법은 '5주 실험'을 하는 것입니다. 첫째 주에는 다섯 가지 중에서 하나의 언어를 선택해 매일 사용하면서 반응을 살펴봅니다. 토요일과 일요일은 쉽니다. 두 번째 주에는 월-금 동안 다른 사랑의 언어를 집중적으로 시험해 봅니다. 이렇게 5주를 계속합니다. 배우자의 사랑의 언어를 사용하면 그의 표정과 반응 태도가 달라질 것입니다.

Q3 나이가 들면 사랑의 언어가 변하나요?

A3 제1의 사랑의 언어는 평생 변하지 않는 것으로 생각합니다. 성격 특성이 어릴 때 생겨 지속되는 것과 같습니다. 예를 들면 정리 정돈을 잘하는 성인은 어렸을 때도 정리를 잘했을 가능성이 높습니다. 느긋하고 느슨한 사람은 어렸을 때도 그랬을 것입니다. 성격 특성들은 거의 그렇습니다.

살다 보면 다른 사랑의 언어가 아주 매력적으로 보이는 때가 있습니다. 예를 들어 당신의 사랑의 언어가 인정하는 말이지만 세 명의 어린아이를 둔 어머니일 경우, 남편의 봉사가 매우 매력적으로 여겨질 것입니다. 남편이 인정하는 말만 하고 집안일을 거들어 주지 않는다면, 당신은 '손 하나 까딱 안 하면서 사랑한다는 말은 이제 듣기 싫어'라는 생각이 들 것입니다. 이 기간 동안 봉사가 사랑의 언어가 된 것처럼 보일 것입니다. 그러나 인정하는 말이 사라지면 금세 이것이 여전히 제1의 사랑의 언어임을 확인하게 될 것입니다.

스킨십이 사랑의 언어가 아니라도, 부모나 친한 친구와 사별했을 때는 배우자가

Frequently Asked Quesstions

꼭 껴안아 주는 것이 가장 의미 있는 사랑 표현이 될 것입니다. 큰 슬픔을 당했을 때 사랑을 표현하는 방법이 따로 있는 것입니다. 스킨십이 당신의 사랑의 언어는 아니지만 그런 순간에는 아주 의미 있는 것이 됩니다.

Q4 5가지 사랑의 언어가 아이들에게도 적용될까요?

A4 분명 그렇습니다. 나는 아이들의 마음속에 사랑의 탱크가 들어 있는 모습을 즐겨 그려 봅니다. 아이가 부모의 사랑을 느끼면 정상적으로 성장합니다. 그러나 사랑의 탱크가 텅 비어 사랑을 느끼지 못하면 내면의 갈등을 안고 성장하게 되고, 십대가 되면 그릇된 곳에서 사랑을 찾으려 합니다. 자녀를 효과적으로 사랑하는 법을 아는 것은 중요합니다. 나는 로스 캠벨과 팀을 이루어 『자녀의 5가지 사랑의 언어』를 썼습니다. 이 책은 부모를 위한 책으로 자녀들의 사랑의 언어를 발견할 수 있도록 도와줍니다. 또한 자녀들의 분노와 학습, 훈련에 적용하는 방법도 다루고 있습니다.

이 책에서 강조하는 것 한 가지는 자녀들이 5가지 사랑의 언어 전체를 알고 실천하는 법을 배워야 한다는 것입니다. 그러면 정서적으로 건강한 성인이 됩니다. 그러므로 부모는 자녀의 제1의 사랑의 언어를 집중적으로 사용하면서 나머지 4개 언어도 간간이 사용해 주어야 합니다. 자녀가 5가지 사랑의 언어를 모두 경험하게 되면, 결국은 그도 5가지 사랑의 언어 모두를 사용하는 법을 배우게 되기 때문입니다.

Frequently Asked Quesstions

Q5 자녀들의 사랑의 언어가 십대가 되면 변합니까?

A5 어느 부모가 말했습니다. "박사님과 로스 캠벨 박사님이 함께 쓰신 『자녀의 5가지 사랑의 언어』를 잘 읽었습니다. 자녀 양육에 정말 도움이 되는 책이었습니다. 이제 우리 아들이 십대가 됩니다. 지금껏 하던 방식을 계속하고 있는데 통하지 않는 것 같습니다. 혹시 그 아이의 사랑의 언어가 변한 것은 아닌가요?"

나는 아이의 사랑의 언어가 열세 살에 바뀐다고 생각하지 않습니다. 하지만 아이의 사랑의 언어를 말하는 방식을 새롭게 할 필요가 있습니다. 지금까지 어떤 방법을 사용했는지 모르지만 십대가 된 자녀는 그것을 유치하게 여기고 반응을 보이려고 하지 않을 수 있습니다. 자녀의 사랑의 언어가 스킨십이어서 안아 주고 볼에 뽀뽀해 주었다면, 십대 자녀는 부모를 밀치면서 "관둬요"라고 할 것이 뻔합니다. 그렇다고 스킨십이 필요하지 않다는 것은 아닙니다. 다만 그 방식이 유치하게 보인다는 것입니다. 이제는 스킨십을 나이에 맞게 바꾸어야 합니다. 예를 들어 옆구리를 쿡 찌른다든지, 어깨를 툭 친다든지, 등을 두드린다든지 하는 것입니다. 이런 것이 십대에게 사랑을 전달하게 될 것입니다. "관둬요"라고 한다고 스킨십을 중단하는 것이야말로 가장 잘못하는 것입니다.

『십대의 5가지 사랑의 언어』는 부모를 위해 쓴 것인데, 여기서는 십대들의 자유에 대한 소원과 여기에 따라 더 많은 자유와 더 많은 책임을 부여할 필요를 이야기합니다. 십대들은 나이가 들어 가면서 능력도 커집니다. 따라서 책임도 더 커져야 합니다. 이렇게 책임과 더불어 자유를 더 가지게 되면 그들은 책임감 있는 젊은이가

Frequently Asked Quesstions

될 동기가 부여될 것입니다.

예를 들어 당신의 자녀에게 운전을 허락할 경우, 이 자유에는 매주 토요일 세차를 하는 책임을 같이 지게 해야 합니다. 이 책임을 수행하지 못할 경우 이틀 동안 운전을 금지한다든지 하는 방법으로 구체적인 결과에 대한 보상을 받게 합니다. 부모가 이런 일을 일관성 있게 실행하면 십대 자녀는 세차를 잊지 않고 잘할 것이며 자유와 책임은 동전의 양면과 같은 것임을 배우게 될 것입니다.

Q6 배우자의 사랑의 언어가 나에게 너무 어려우면 어떻게 하나요?

"나는 스킨십을 하지 않는 가정에서 자랐습니다. 그런데 배우자의 사랑의 언어가 스킨십입니다. 내가 먼저 스킨십을 하는 것이 너무나 어렵습니다."

A6 다행히도 5가지 사랑의 언어는 모두 배울 수 있습니다. 대부분의 사람들은 5가지 중에서 한두 가지만 사용하는 가정에서 성장합니다. 사용했던 것들은 자연스럽고 상대적으로 쉽습니다. 그러나 나머지 것들은 배워야 합니다. 배우는 것은 다 그렇습니다만 천 리 길도 한 걸음부터 시작해야 합니다. 스킨십이 배우자의 사랑의 언어이고 당신은 그것이 자연스러운 사람이 아니라면 우선 커피를 따라 주면서 어깨에 손을 얹는다든지, 지나치면서 사랑스럽게 어깨를 툭 친다든지 하는 가벼운 행동부터 시작하십시오. 이렇게 하다 보면 조금씩 쉬워질 것입니다. 언젠가 스킨십을 능숙하게 하는 사람이 될 것입니다.

Frequently Asked Quesstions

다른 언어도 마찬가지입니다. 인정하는 말을 쉽게 하는 사람이 아닌데 배우자는 그것이 사랑의 언어라면 다른 사람들의 말이나 책에서 인정하는 말을 찾아 목록을 만드십시오. 그리고 거울 앞에 서서 그것들을 읽어 편안하게 말할 수 있도록 하십시오. 그다음에는 그중 한 말을 선택해 배우자에게 다가가 그 말을 하십시오. 인정하는 말을 한 번씩 할 때마다 그만큼씩 쉬워질 것입니다. 당신의 변화에 배우자는 물론 당신도 기분이 좋아질 것입니다.

Q7 남성과 여성의 사랑의 언어에 차이가 있습니까?

A7 사랑의 언어가 남녀 사이에 차이가 있는지를 연구해 보지는 않았습니다. 물론 남성은 스킨십과 인정하는 말을, 여성은 함께하는 시간과 선물을 선호하는 것 같기는 합니다. 그러나 그것이 정확한지는 모르겠습니다.

나는 사랑의 언어가 남녀 사이에 차이가 없는 것으로 여깁니다. 분명 어느 것이든 남성과 여성의 사랑의 언어가 될 수 있습니다. 중요한 것은 배우자의 제1, 제2의 사랑의 언어를 찾아 규칙적으로 사용하는 것입니다. 그렇게 하면 정서적으로 건강한 분위기가 조성되어 결혼 생활이 풍성해질 것입니다.

Q8 5가지 사랑의 언어를 어떻게 해서 발견하게 되었습니까?

A8 이 책에서 나는 오랫동안 많은 커플을 만나면서 한 사람에게는 사랑받는 느낌을 주는 것이 다른 사람에게는 그렇지 않을 수도 있음을 깨닫게 되었음을 이야기

Frequently Asked Quesstions

했습니다. 많은 시간 나는 상담실에서 배우자가 원하는 것을 찾아 그가 사랑을 느끼게 하도록 도와주는 일을 했습니다. 이런 일을 계속하면서 한 가지 패턴이 있음을 발견하게 되었습니다. 그래서 12년 동안 메모한 노트를 읽으면서 "이들이 상담실에 앉아 '배우자가 나를 사랑하지 않는 것 같아요'라고 하는데 그들이 원하는 것은 무엇인가?"라고 자문해 보았습니다. 그러자 그 대답이 5가지로 분류되었습니다. 나중에 나는 그것을 5가지 사랑의 언어라고 부르게 되었습니다.

그다음 나는 이 언어들을 워크숍과 스터디 그룹에서 소개했습니다. 사랑의 언어 개념을 나누면 사람들은 늘 깜짝 놀라면서 그들이 서로 감정적으로 만족하지 못한 이유를 깨달았습니다. 그들이 서로 제1의 사랑의 언어를 찾아 말했을 때, 부부의 감정적 분위기가 놀랍게 변했습니다. 그리하여 이 개념을 소개하는 책을 써서 직접 만나지 못한 부부들을 도와주기로 했습니다.

현재 이 책은 영어판만 500만 부 이상 판매되었고 38개 언어로 번역되었으니 나의 노력은 충분히 보상되고도 남은 셈입니다.

Q9 사랑의 언어는 다른 문화권에도 적용될까요?

A9 나의 대학 전공이 인류학이었기 때문에 스페인 출판사가 처음으로 이 책을 스페인어로 출판하겠다고 접촉해 왔을 때 이 질문을 했었습니다. 처음에 이렇게 말했습니다.

"이 개념이 스페인에서도 통할지 모르겠습니다. 앵글로색슨계 미국인들 사이에서

Frequently Asked Quesstions

이것을 발견했거든요." 그랬더니 출판사에서는 "우리도 이 책을 읽었는데 스페인에도 통합니다."라고 말했습니다.

그래서 흔쾌히 스페인에서 번역 출판하는 데 동의했습니다. 그 후에 프랑스어판, 독일어판 등등이 이어졌습니다. 거의 모든 문화에서 이 책은 출판사의 베스트셀러가 되었습니다. 이것을 보고 나는 '사랑을 표현하는 5가지 방법'이 보편적이라고 믿게 되었습니다.

그러나 이 언어를 말하는 방식은 문화에 따라 약간씩 다릅니다. 예를 들어 어떤 접촉 방법은 문화에 따라 적절할 수도 있고 그렇지 않을 수도 있습니다. 봉사도 문화에 따라 사용될 수도 있고 그렇지 않을 수도 있습니다. 그러므로 문화에 맞추어 적절하게 적용하면 사랑의 언어 개념은 그 문화에 사는 사람들에게 큰 영향을 줄 수 있습니다.

Q10 『5가지 사랑의 언어』가 그토록 성공을 거둔 이유가 뭐라고 생각하십니까?

A10 나는 우리의 가장 깊은 감정적 욕구가 사랑받고 싶은 것이라고 생각합니다. 결혼한 사람의 경우 배우자에게 가장 사랑받고 싶어합니다. 따라서 배우자에게 사랑을 느끼면 온 세상이 밝아 보이고 인생은 황홀해집니다. 반면에 거부나 무시를 당하면 세상이 어두워집니다.

대부분의 커플들은 사랑에 빠져 행복한 감정 속에서 결혼합니다. 그러나 결혼한 후 그 행복한 감정이 사라지고 서로의 차이가 보이면서 갈등하기 시작합니다. 이

Frequently Asked Questsions

때 갈등을 해결하기 위한 적극적 대책이 없으면 서로 거친 말을 주고받게 됩니다. 그리고 거친 말은 상처와 실망, 분노를 만들어 냅니다. 이제 사랑받는다는 느낌은 차치하고 미워하는 마음이 생깁니다.

『5가지 사랑의 언어』를 읽으면서 사람들은 연애 감정이 사라진 이유와 사랑의 감정을 되살릴 수 있는 방법을 발견합니다. 서로 상대방의 사랑의 언어를 말하기 시작하면 자신들도 놀랄 정도로 긍정적 감정이 되살아납니다. 이제 사랑 탱크가 가득 찼기 때문에 그들은 훨씬 더 적극적 자세로 갈등을 해결하려고 하고 결국 해결책을 찾아냅니다. 사랑의 감정이 회복되면 둘 사이의 감정이 긍정적으로 되고 함께 팀이 되어 서로 격려하고 지지하고 도와 목적을 달성하는 방법을 배웁니다.

이런 경험을 하게 되면 '5가지 사랑의 언어'를 다른 사람들에게도 적극 소개합니다. 이 책은 처음 출판된 이후부터 매년 판매량이 증가하고 있습니다. 그래서 나의 생각으로는 『5가지 사랑의 언어』가 성공하는 이유는 이 책을 읽고 상대방의 사랑의 언어를 배운 사람들이 가까운 사람들에게 권하기 때문입니다.

Q11 내가 배우자의 사랑의 언어를 말했는데 반응이 신통치 않으면 어떻게 해야 합니까?

"남편이 이 책을 읽으려고 하지 않아 내가 그의 사랑의 언어를 말하면서 어떻게 되나 보기로 했습니다. 그런데 아무 일도 일어나지 않았습니다. 심지어 내가 새로

Frequently Asked Quesstions

운 시도를 하는 것조차도 알아채지 못했습니다. 이렇게 반응이 없는데 언제까지 그의 사랑의 언어를 말해야 할까요?"

A11 결혼 생활을 개선하기 위해 노력하는데 반응이 없어 실망하는 마음이 이해됩니다. 남편이 별 반응을 보이지 않은 이유로는 두 가지 가능성이 있습니다.

첫째이면서 가장 가능성이 높은 이유는 다른 사랑의 언어를 말했기 때문입니다. 아내들은 종종 남편의 사랑의 언어가 스킨십이라고 전제해 버립니다. 그리하여 남편의 성적 욕구에 반응하는 방법을 적극적으로 바꿉니다. 어떤 때는 아내가 성관계를 먼저 시작하기도 합니다. 진지하게 남편의 사랑의 언어를 시도하는 것입니다. 그런데 남편이 아내의 노력을 제대로 이해해 주지 않으면 낙심이 됩니다. 사실은 남편의 사랑의 언어가 인정하는 말일 수 있습니다. 아내는 남편으로부터 사랑의 반응을 받지 못하면 말로 비판할 수 있습니다. 비판하는 말은 남편의 가슴에 비수가 되어 꽂힙니다. 그래서 아내를 멀리하게 됩니다. 이제 남편이 결혼 생활에서 즐거움을 누릴 때는 성관계를 할 때뿐입니다. 그것으로 아내의 비판하는 말에서 받는 거부감을 해소할 수는 없습니다. 그리하여 남편은 침묵 가운데 괴로워하고 있고 아내도 자신의 노력이 수포로 돌아간 것 때문에 좌절합니다. 문제는 아내의 진지함이 아닙니다. 엉뚱한 사랑의 언어를 말한 데 있습니다.

둘째는 당신이 배우자의 사랑의 언어를 말했을 경우인데, 긍정적 반응을 얻지 못하는 다른 이유가 있습니다. 배우자가 성적으로든 감정적으로든 이미 다른 사람과

Frequently Asked Questions

사랑에 빠져 있을 경우 아내의 노력이 너무 늦었다고 생각할 것입니다. 심지어 아내의 노력은 일시적인 것이며 진지하지 않은 것으로 자기를 붙잡아 두기 위한 수단이라고 여길 수 있습니다. 혹시 다른 사람과 별다른 관계가 없다고 하더라도 남편은 아내의 노력이 자기를 조종하기 위한 것이라고 여길 가능성이 있습니다.

이런 상황에서는 포기하고 싶은 유혹이 생깁니다. 사랑의 언어를 말해 주어도 아무 변화가 없기 때문입니다. 이런 유혹에 굴복하면 절대 안 됩니다. 포기하면 남편에게 자기를 조종하기 위한 노력이라는 결론을 확인시켜 주는 것이 됩니다. 최선의 방법은 남편의 반응이 어떻든 그의 사랑의 언어를 규칙적으로 계속해 주는 것입니다. 6개월, 9개월 아니면 1년 계획을 세우십시오. '남편이 어떤 반응을 보이든 나는 그의 사랑의 언어로 끝까지 사랑해 줄 것이다. 그가 나를 떠난다면 자기를 무조건적으로 사랑하는 사람을 떠나는 것이 되게 할 것이다'라는 태도를 가져야 합니다. 이런 태도를 가지면 낙심될 때도 적극적인 노력을 계속할 수 있습니다.

남편이 긍정적 반응을 보이지 않을 때도 남편을 사랑하는 것만큼 강력한 것은 없습니다. 이처럼 결혼 생활을 회복시키기 위해 당신이 최선을 다하면 남편의 반응이 어떻든 상관없이 후회하지 않을 것입니다. 언젠가 남편이 당신의 사랑에 호응한다면, 당신은 자신에게 무조건적인 사랑의 능력을 입증한 것입니다. 물론 서로의 사랑이 회복된 기쁨은 이루 말할 수 없을 것입니다.

Frequently Asked Quesstions

Q12 성적 부정을 저지른 후에도 사랑을 회복할 수 있습니까?

A12 결혼 생활에서 성적 부정만큼 치명적인 것은 없습니다. 성관계는 두사람을 결합하는 경험입니다. 두 사람을 가장 깊이 결합시켜 주는 것입니다. 어느 문화에서든지 공개적으로 결혼식을 하고 둘만의 성관계를 가짐으로 그 결혼이 완성됩니다. 성관계는 서로에게 평생 헌신하겠다는 것을 표현하는 독특한 방법으로 고안된 것입니다. 이런 헌신이 깨지면 결혼 생활에서 치명적 상처를 입게 됩니다.

그러나 이 결혼이 반드시 이혼으로 끝날 수밖에 없다는 것은 아닙니다. 잘못한 사람이 혼외 관계를 끊고 결혼을 회복시키기 위해 열심히 노력하면 진정으로 회복될 수 있습니다. 나는 상담을 하면서 성적 부정을 저지른 부부들이 치유되는 것을 수없이 보았습니다. 회복을 위해서는 잘못된 관계를 청산하는 것은 물론 그렇게 이끈 원인을 찾아야 합니다.

회복에 성공하기 위해서는 두 가지가 장기간 이루어져야 합니다. 첫째, 잘못한 사람은 반드시 그런 잘못의 원인이 되는 자신의 성격, 신념, 생활 방식 등을 철저히 분석해야 합니다. 태도와 행동 양식을 변화시키는 것은 말할 것도 없습니다. 둘째, 두 사람 다 그들의 결혼 생활이 어떻게 진행되었는가를 정직하게 살펴보고, 부정적 습관들을 진실하고 성실한 긍정적 습관으로 바꾸려는 자세를 가져야 합니다. 대체로 이런 일을 하는 데는 전문가의 상담이 필요합니다.

연구 결과에 의하면 성적 부정 이후에 결혼 생활을 회복한 사람들은 대체로 개인 상담과 부부 상담을 함께 받은 경우입니다. 사랑의 언어를 이해하고 상대방의 언

Frequently Asked Quesstions

어를 말하려는 자세를 가지면 결혼 생활을 회복시키는 힘든 노력이 성공하는 데 큰 도움이 됩니다.

Q13 사랑의 언어를 알고도 말하지 않으면 어떻게 해야 합니까?

"우리 부부는 둘 다 『5가지 사랑의 언어』를 읽었고, 검사를 통해 서로의 사랑의 언어를 확인했습니다. 그것이 두 달 전입니다. 아내는 나의 사랑의 언어가 인정하는 말이라는 것을 압니다. 그러나 두 달이 되도록 전혀 사용하지 않습니다. 아내의 사랑의 언어는 봉사입니다. 나는 집에서 아내가 부탁하는 일들을 하기 시작했습니다. 내가 보기에 아내는 내 행동을 좋아하는 것 같습니다만 말을 하지 않습니다."

A13 우선 배우자에게 사랑의 언어를 말하도록 강요할 수 없다는 것부터 말씀드리고 싶습니다. 사랑은 선택입니다. 사랑은 부탁할 수는 있지만 명령할 수는 없습니다. 이것을 염두에 두고 아내가 왜 당신의 사랑의 언어를 말하지 않는지 살펴보겠습니다. 첫 번째로 그녀는 자라면서 긍정적인 말을 별로 듣지 못했을 수 있습니다. 그녀의 부모가 아주 비판적이었을 수도 있습니다. 인정하는 말을 하는 역할 모델이 없었을 수도 있습니다. 그래서 인정하는 말을 하는 것이 그녀에게는 아주 어려울 수 있습니다. 인정하는 말은 그녀에게 외국어와 같은 것이기 때문에 많은 노력을 해야 하고 당신은 인내로 기다려 주어야 합니다.

Frequently Asked Quesstions

그녀가 당신의 사랑의 언어를 말하지 못하는 두 번째 이유는, 당신의 작은 변화에 대해 인정하는 말을 해 주면 자기가 원하는 큰 변화를 중단해 버릴까 봐 두려운 것입니다. 작은 일을 칭찬해 주면 거기에 안주해 더 발전하려는 노력을 중단할 것이라는 생각은 잘못된 것입니다. 그것은 그릇된 통념으로 이 때문에 부모가 자녀를 말로 칭찬하는 일을 하지 않습니다. 그러나 인정하는 말이 제1의 사랑의 언어인 사람에게는 이런 말이 더 큰 성취를 추구하도록 격려하는 것이 됩니다.

이 책에 소개한 사랑의 '탱크 점검' 게임을 해 보기 바랍니다. "0에서 10까지의 눈금 가운데 당신의 사랑 탱크 눈금은 몇인가요?"라고 물어보십시오. 만일 10 이하의 숫자를 대답하면 "가득 차게 하기 위해 어떻게 도와주면 되겠어요?"라고 묻습니다.

상대방이 어떤 말을 하든지 최선을 다해 들어주십시오. 한 달 동안 매주 한 번씩 이렇게 하면 아내도 당신의 사랑 탱크 눈금에 대해 묻게 될 것입니다. 그러면 당신도 부탁하면 됩니다. 이렇게 부담을 주지 않으면서 사랑의 언어를 말하도록 가르칠 수 있습니다.

Q14 결혼 생활을 한 지 30년이나 되었는데 사랑의 감정을 회복할 수 있을까요?

"우린 싸우지도 않고 앙숙도 아닙니다. 다만 같은 집에서 룸메이트처럼 건조하게 살 뿐입니다."

Frequently Asked Quesstions

A14 실화를 소개해 보겠습니다. 한 부부가 내 세미나에 참석했습니다. "우리의 결혼 생활을 새롭게 해 주어 감사의 말씀을 드리려고 왔습니다. 우린 결혼 30년이 되었는데 지난 20년 동안은 정말로 공허했습니다. 우리의 결혼 생활이 얼마나 엉망이었냐 하면 20년 동안 한 번도 같이 휴가를 간 적이 없습니다. 그저 한집에 살면서 예의를 지킬 뿐 그것이 전부였습니다.

1년 전 내 고민을 한 친구에게 털어놓았습니다. 그는 집으로 들어가더니 박사님이 쓴 책 『5가지 사랑의 언어』를 한 권 들고 나와 '이걸 읽으면 도움이 될 걸세'라고 했습니다. 나는 책 읽는 것은 죽어도 싫은 사람이었지만, 그날 밤 집으로 가서 책을 다 읽었습니다. 다 읽고 나니 새벽 3시였습니다. 한 장 한 장 읽을 때마다 깨달음이 새롭게 다가왔고, 그동안 우리는 서로의 사랑의 언어를 말하지 못했다는 것을 깨달았습니다. 나는 그 책을 아내에게 주며 다 읽고 나서 어떻게 생각하는지 같이 이야기해 보자고 했습니다.

2주 후에 아내가 '다 읽었어요'라고 하기에 '당신은 어떻게 생각해요?'라고 했습니다. '우리가 이 책을 30년 전에 읽었다면 우리의 결혼 생활이 전혀 달랐을 거예요'라고 해서 나는 '나도 같은 생각이오. 만일 지금 시도해 보면 어떻게 될 거 같소?'라고 물었습니다.

'손해 볼 것 없잖아요'라고 그녀가 대답했습니다.

'그럼 한번 해 보겠다는 말이오?'

'그래요. 해 보겠어요.'

Frequently Asked Quesstions

그래서 우리는 제1의 사랑의 언어에 대해 논의한 후 최소한 일주일에 한 번씩 서로의 사랑의 언어를 사용하면서 결과를 지켜보기로 합의했습니다. 두 달이 지난 후, 반신반의하던 일이 이루어졌습니다. 사랑의 감정이 회복된 것입니다."

이번엔 아내가 말했습니다. "누가 남편에 대한 애정이 회복될 것 같은지 물으면 나는 '아니요. 그동안 너무 많은 일을 겪었어요'라고 대답했습니다. 그런데 올해 우리는 20년 만에 처음으로 휴가를 가서 멋진 시간을 가졌습니다. 우린 600킬로미터 이상을 차로 운전해 가서 세미나에 참석하면서 함께 지내는 즐거운 시간을 가졌습니다. 이렇게 사랑하는 관계를 누릴 수 있는데 그냥 같은 집에 살면서 긴 세월을 허비한 것이 안타깝습니다. 책을 써 주셔서 감사드립니다."

나는 "경험을 이야기해 주셔서 감사합니다. 그 말씀을 들으니 큰 힘이 됩니다. 앞으로 20년 동안 더 행복하게 살아 지난 20년이 기억나지 않게 되기를 바랍니다"라고 대답했습니다. 그러자 그 부부는 "네, 우린 그럴 것입니다"라고 합창했습니다.

30년이나 지난 후 부부의 애정이 회복될 수 있을까요? 있습니다. 부부가 서로의 사랑의 언어를 말하기 위해 노력하면 됩니다.

Q15 나는 싱글입니다. 사랑의 언어 개념이 나에게는 어떻게 적용될 수 있을까요?

A15 그동안 수많은 성인 싱글들이 "박사님의 처음 책은 결혼한 부부들을 위한 것으로 알고 있습니다. 그런데 내가 이 책을 읽었더니 대인 관계에 두루 도움이 되었습니다. 그렇지만 싱글을 위한 5가지 사랑의 언어 책을 써 주시면 좋겠습니다"라

Frequently Asked Quesstions

고 했습니다. 그렇게 해서 『싱글의 5가지 사랑의 언어』를 쓰게 되었습니다. 이 책은 성인 싱글들이 사랑의 언어 개념을 그들의 대인 관계에 적용하는 데 도움을 주기 위한 것입니다. 우선 싱글들이 왜 사랑이 성장하는 느낌을 가지거나 가지지 못하는지부터 다루었습니다.

한 젊은 수감자가 이런 말을 했습니다. "5가지 사랑의 언어를 가르쳐 주어 감사합니다. 나는 평생 처음으로 어머니가 나를 사랑하신다는 것을 이해하게 되었습니다. 나의 사랑의 언어가 스킨십이지만 어머니는 나를 껴안아 준 적이 없었습니다. 내가 기억하기로는 어머니가 처음으로 안아 주신 것은 교도소로 가는 날이었습니다. 그러나 지금 생각하니 어머니는 늘 봉사라는 사랑의 언어를 말하셨습니다. 어머니는 우리에게 먹을 것과 입을 것과 살 곳을 제공하기 위해 열심히 일하셨고 또한 나를 사랑하셨다는 것을 알겠습니다. 단지 나의 사랑의 언어를 사용하지 않았을 뿐이었습니다. 이제는 어머니가 나를 진정으로 사랑하신다는 것을 이해합니다."

나는 싱글들이 사랑의 언어 개념을 형제자매들과의 관계, 직장 생활, 데이트에 적용하기를 진심으로 원합니다. 그동안 싱글들이 보여 준 반응은 아주 놀라웠습니다. 당신도 다른 사람들이 발견한 것을 발견하게 되기 바랍니다. 상대방의 사랑의 언어로 사랑을 표현하면 그 사람과의 관계가 발전됩니다.

5가지 사랑의 언어 검사
남편용

당신은 자신의 사랑의 언어를 이미 알고 있다고 생각할 수도 있고 전혀 모른다고 생각할 수도 있습니다. 이 검사는 당신의 사랑의 언어를 알기 위한 것입니다. 이 설문지는 총 30개의 문항으로 구성되어 있습니다. 각 쌍의 진술문 중에서 당신이 바라는 것을 잘 나타내는 것을 하나만 선택해야 합니다. 두 문장을 읽은 후에 선택한 문장의 오른쪽에 있는 글자에 동그라미를 치십시오. 선택하기가 어려울 수도 있습니다. 그래도 정확한 결과를 얻기 위해서는 반드시 하나를 선택해야 합니다.

전체를 읽고 응답하는 데 15-30분 정도 길릴 것입니다. 마음이 편안한 상태에서 시작하십시오. 서두르지 마십시오. 선택을 마친 후에는 처음으로 돌아가서 A, B, C, D, E가 각각 몇 개씩인지 계산하여 설문 끝에 있는 표에 기록합니다.

아내도 함께 해 보기 바랍니다.

01 나는 아내가 사랑의 편지를 주면 마음이 흐뭇해진다.   A ☐
     나는 아내가 포옹해 주는 것이 좋다.   E ☐

02 나는 아내와 단둘이 있는 것이 좋다.   B ☐
     나는 아내가 나의 일을 도와줄 때 사랑을 느낀다.   D ☐

03 나는 아내가 특별한 선물을 줄 때 기분이 좋다.   C ☐
     나는 아내와 함께 여행하는 것이 좋다.   B ☐

04 나는 아내가 빨래를 해 줄 때 사랑을 느낀다.   D ☐
     나는 아내가 나에게 스킨십할 때 기분이 좋다.   E ☐

05 나는 아내가 팔로 나를 안을 때 사랑을 느낀다.   E ☐
     나는 아내의 깜짝 선물을 통해 사랑을 확인한다.   C ☐

06 나는 아내와 함께라면 어디를 가든 좋다.   B ☐
     나는 아내의 손을 잡는 것이 좋다.   E ☐

07 나는 아내가 주는 선물을 소중히 여긴다.   C ☐
     나는 아내로부터 사랑한다는 말을 듣는 것이 좋다.   A ☐

08 나는 아내가 내 가까이 앉는 것이 좋다.   E ☐
     나는 아내가 나를 멋있다고 하는 말이 기분 좋다.   A ☐

09 나는 아내와 같이 있는 시간이 즐겁다. B ☐
   나는 작더라도 아내가 주는 선물이 좋다. C ☐

10 나는 아내가 나를 자랑스럽게 여긴다고 할 때 사랑을 느낀다. A ☐
   나는 아내가 나를 위해 음식을 준비해 줄 때 사랑을 느낀다. D ☐

11 나는 아내와 함께하는 일이면 뭐든지 좋다. B ☐
   나는 아내가 나를 지지하는 말을 하면 기분이 좋다. A ☐

12 나는 아내가 작은 것이라도 말보다는 행동으로 해 주는 것이 더 좋다. D ☐
   나는 아내와 포옹하기를 좋아한다. E ☐

13 아내의 칭찬이 나에게는 아주 중요하다. A ☐
   아내로부터 내가 좋아하는 선물을 받는 것이 아주 중요하다. C ☐

14 나는 아내 곁에 있는 것만으로 기분이 좋다. B ☐
   나는 아내가 등을 긁어 주는 것이 좋다. E ☐

15 내가 한 일을 아내가 인정하면 힘이 난다. A ☐
   아내 자신은 좋아하지 않는 일을 나를 위해 하는 것은 의미가 크다. D ☐

16 나는 아내의 키스가 싫은 적이 없다. E ☐
   내가 좋아하는 일에 아내가 관심을 가지면 기분이 좋다. B ☐

17 아내가 내가 하는 일을 돕는 것이 중요하다.　　　　　　D ☐
　　아내가 준 선물을 받아 볼 때 기분이 좋다.　　　　　　 C ☐

18 아내가 나의 외모를 칭찬하면 기분이 좋다.　　　　　　 A ☐
　　아내가 내 생각을 귀 기울여 듣고 비판하지 않는 것이 좋다. B ☐

19 아내가 가까이 있으면 꼭 만지고 싶다.　　　　　　　　 E ☐
　　가끔 아내가 내 심부름을 해 주는 것이 고맙다.　　　　 D ☐

20 아내가 나를 도와주는 것은 모두 상을 받아야 마땅하다.　 D ☐
　　아내가 얼마나 생각 깊은 선물을 하는지 가끔 놀란다.　　C ☐

21 나는 아내가 나에게 전적으로 집중해 주는 것이 고맙다.　 B ☐
　　집 청소를 잘하는 것은 중요한 봉사 행위다.　　　　　　D ☐

22 나는 아내가 줄 생일 선물이 기대된다.　　　　　　　　 C ☐
　　내가 소중하다는 아내의 말은 늘 들어도 지겹지 않다.　 A ☐

23 아내는 내게 선물로 자신의 사랑을 보여 준다.　　　　　 C ☐
　　아내는 집에서 나의 일을 도움으로 사랑을 표현한다.　　D ☐

24 아내는 내 말을 끊지 않는데 나는 그것이 좋다.　　　　　B ☐
　　나는 아내의 선물이 싫증 나지 않는다.　　　　　　　　 C ☐

25 내가 피곤한 것을 알고 도와주겠다고 하는 아내가 고맙다.　　　　D ☐
　　어디를 가든 아내와 함께하면 나는 좋다.　　　　　　　　　　　　B ☐

26 나는 아내와 부부 관계하는 것을 좋아한다.　　　　　　　　　　　E ☐
　　나는 아내의 깜짝 선물을 좋아한다.　　　　　　　　　　　　　　C ☐

27 아내의 격려하는 말을 들으면 힘이 난다.　　　　　　　　　　　　A ☐
　　아내와 함께 영화 보는 것이 나는 좋다.　　　　　　　　　　　　B ☐

28 아내가 주는 선물보다 더 좋은 선물은 없다.　　　　　　　　　　C ☐
　　내 아내에게서 손을 떼는 것이 힘들다.　　　　　　　　　　　　E ☐

29 아내가 바쁜데도 나를 돕는 것이 내게는 큰 의미가 있다.　　　　D ☐
　　아내가 나에게 감사하다고 말하면 나는 기분이 아주 좋다.　　　A ☐

30 아내와 잠시 떨어져 있다가 다시 만나 포옹/키스하는 것이 좋다.　E ☐
　　아내가 나를 믿는다는 말을 하면 기분이 좋다.　　　　　　　　　A ☐

5가지 사랑의 언어 검사 응답표 — 남편용

A _____ 인정하는 말 Words of Affirmation

B _____ 함께하는 시간 Quality Time

C _____ 선물 Receiving Gifts

D _____ 봉사 Acts of Service

E _____ 스킨십 Physical Touch

⇧ 남편용 검사 설문에서 A, B, C, D, E 각각의 개수를 기록합니다.

나의 제1의 사랑의 언어 _____

나의 제2의 사랑의 언어 _____

사랑의 언어 설문 해석과
점수를 활용하는 법

가장 높은 점수가 당신의 제1의 사랑의 언어입니다. 가장 높은 점수가 두 가지가 나왔다면 두 가지 사랑의 언어를 가진 사람입니다. 두 번째 점수가 가장 높은 점수와 비슷하다면 두 가지가 모두 당신에게는 중요하다는 의미입니다. 어느 언어든 12점이 가장 높은 점수입니다.

한 가지 점수가 다른 것들보다 높다고 해서 나머지 언어들을 무시해서는 안 됩니다. 당신의 아내가 그 나머지 언어들 중 하나로 말할 수 있습니다. 그 경우 그 언어를 이해하는 것이 중요합니다.

마찬가지로 아내도 당신의 사랑의 언어를 알고 당신이 사랑이라고 여기는 언어로 사랑을 표현하는 것이 중요합니다. 당신과 당신의 아내가 다른 언어를 말할 때 서로 감정적 점수를 따는 것입니다. 물론 이것은 점수 따기 게임이 아닙니다. 서로의 사랑의 언어를 말할 때 얻는 유익은 둘 사이의 유대감이 커진다는 것입니다. 그러면 의사소통이 더 잘 이루어지고, 이해가 증진되며, 결국은 둘 사이의 사랑이 커질 것입니다.

아내가 아직 검사하지 않았다면 아내용 설문지를 사용하도록 권하십시오. 서로의 사랑의 언어에 대해 이야기를 나누고 더욱 행복한 결혼 생활을 가꾸어 가십시오.

5가지 사랑의 언어 검사
아내용

인정하는 말, 함께하는 시간, 선물, 봉사, 스킨십 가운데 당신의 사랑의 언어는 어떤 것입니까? 이 설문지는 자신의 사랑의 언어를 확인하도록 도와줍니다. 남편과 함께 서로의 사랑의 언어를 토의하고 더 행복한 결혼 생활을 위해 사용하십시오. 이 설문지는 총 30개의 문항으로 구성되어 있습니다. 각 쌍의 진술문 중에서 당신이 바라는 것을 잘 나타내는 것을 하나만 선택해야 합니다. 두 문장을 읽은 후에 선택한 문장의 오른쪽에 있는 글자에 동그라미를 치십시오. 선택하기가 어려울 수도 있습니다. 그래도 정확한 결과를 얻기 위해서는 반드시 하나를 선택해야 합니다. 선택을 마친 후에는 처음으로 돌아가서 동그라미를 친 A, B, C, D, E가 각각 몇 개씩인지 계산하여 설문 끝에 있는 표에 기록합니다. 남편도 이 검사를 해 보았다면 서로 비교해 보기 바랍니다.

01 나는 남편이 사랑의 편지를 주면 마음이 흐뭇해진다.　　A ☐
　　나는 남편이 포옹해 주는 것이 좋다.　　　　　　　　E ☐

02 나는 남편과 단둘이 있는 것이 좋다.　　　　　　　　B ☐
　　나는 남편이 나의 일을 도와줄 때 사랑을 느낀다.　　D ☐

03 나는 남편이 특별한 선물을 줄 때 기분이 좋다.　　　C ☐
　　나는 남편과 함께 여행하는 것이 좋다.　　　　　　　B ☐

04 나는 남편이 빨래를 해 줄 때 사랑을 느낀다.　　　　D ☐
　　나는 남편이 나에게 스킨십할 때 기분이 좋다.　　　E ☐

05 나는 남편이 팔로 나를 안을 때 사랑을 느낀다.　　　E ☐
　　나는 남편의 깜짝 선물을 통해 사랑을 확인한다.　　C ☐

06 나는 남편과 함께라면 어디를 가든 좋다.　　　　　　B ☐
　　나는 남편의 손을 잡는 것이 좋다.　　　　　　　　　E ☐

07 나는 남편이 주는 선물을 소중히 여긴다.　　　　　　C ☐
　　나는 남편으로부터 사랑한다는 말을 듣는 것이 좋다.　A ☐

08 나는 남편이 내 가까이 앉는 것이 좋다.　　　　　　　E ☐
　　나는 남편이 나를 예쁘다고 하는 말이 기분 좋다.　　A ☐

09 나는 남편과 같이 있는 시간이 즐겁다.   B ☐
　　나는 작더라도 남편이 주는 선물이 좋다.   C ☐

10 나는 남편이 나를 자랑스럽게 여긴다고 할 때 사랑을 느낀다.   A ☐
　　나는 남편이 나를 위해 설거지해 줄 때 사랑을 느낀다.   D ☐

11 나는 남편과 함께하는 일이면 뭐든지 좋다.   B ☐
　　나는 남편이 나를 지지하는 말을 하면 기분이 좋다.   A ☐

12 나는 남편이 작은 것이라도 말보다는 행동으로 해 주는 것이 더 좋다.   D ☐
　　나는 남편과 포옹하기를 좋아한다.   E ☐

13 남편의 칭찬이 나에게는 아주 중요하다.   A ☐
　　남편으로부터 내가 좋아하는 선물을 받는 것이 아주 중요하다.   C ☐

14 나는 남편 곁에 있는 것만으로 기분이 좋다.   B ☐
　　나는 남편이 마사지해 주는 것이 좋다.   E ☐

15 내가 한 일을 남편이 인정하면 힘이 난다.   A ☐
　　남편 자신은 좋아하지 않는 일을 나를 위해 하는 것은 의미가 크다.   D ☐

16 나는 남편의 키스가 싫은 적이 없다.   E ☐
　　내가 좋아하는 일에 남편이 관심을 가지면 기분이 좋다.   B ☐

17 남편이 내가 하는 일을 돕는 것이 중요하다.   D ☐
    남편이 준 선물을 받아 볼 때 기분이 좋다.   C ☐

18 남편이 나의 외모를 칭찬하면 기분이 좋다.   A ☐
    남편이 내 생각을 귀 기울여 듣고 비판하지 않는 것이 좋다.   B ☐

19 남편이 가까이 있으면 꼭 만지고 싶다.   E ☐
    가끔 남편이 내 심부름을 해 주는 것이 고맙다.   D ☐

20 남편이 나를 도와주는 것은 모두 상을 받아야 마땅하다.   D ☐
    남편이 얼마나 생각 깊은 선물을 하는지 가끔 놀란다.   C ☐

21 나는 남편이 나에게 전적으로 집중해 주는 것이 고맙다.   B ☐
    집안 청소를 잘하는 것은 중요한 봉사 행위다.   D ☐

22 나는 남편이 줄 생일 선물이 기대된다.   C ☐
    내가 소중하다는 남편의 말은 늘 들어도 지겹지 않다.   A ☐

23 남편은 내게 선물로 자신의 사랑을 보여 준다.   C ☐
    남편은 집에서 나의 일을 도움으로 사랑을 표현한다.   D ☐

24 남편은 내 말을 끊지 않는데 나는 그것이 좋다.   B ☐
    나는 남편의 선물이 싫증 나지 않는다.   C ☐

25 내가 피곤한 것을 알고 도와주겠다고 하는 남편이 고맙다.　　　D ☐
　　어디를 가든 남편과 함께하면 나는 좋다.　　　　　　　　　　B ☐

26 나는 남편과 부부 관계하는 것을 좋아한다.　　　　　　　　　E ☐
　　나는 남편의 깜짝 선물을 좋아한다.　　　　　　　　　　　　C ☐

27 남편의 격려하는 말을 들으면 힘이 난다.　　　　　　　　　　A ☐
　　남편과 함께 영화 보는 것이 나는 좋다.　　　　　　　　　　B ☐

28 남편이 주는 선물보다 더 좋은 선물은 없다.　　　　　　　　C ☐
　　내 남편에게서 손을 떼는 것이 힘들다.　　　　　　　　　　E ☐

29 남편이 바쁜데도 나를 돕는 것이 내게는 큰 의미가 있다.　　D ☐
　　남편이 나에게 감사하다고 말하면 나는 기분이 아주 좋다.　　A ☐

30 남편과 잠시 떨어져 있다가 다시 만나 포옹/키스하는 것이 좋다.　E ☐
　　남편이 나를 믿는다는 말을 하면 기분이 좋다.　　　　　　　A ☐

5가지 사랑의 언어 검사 응답표   아내용

A _____ 인정하는 말 Words of Affirmation

B _____ 함께하는 시간 Quality Time

C _____ 선물 Receiving Gifts

D _____ 봉사 Acts of Service

E _____ 스킨십 Physical Touch

⇧ 아내용 검사 설문에서 A, B, C, D, E 각각의 개수를 기록합니다.

나의 제1의 사랑의 언어 _____

나의 제2의 사랑의 언어 _____

사랑의 언어 설문 해석과 점수를 활용하는 법

가장 높은 점수가 당신의 제1의 사랑의 언어입니다. 가장 높은 점수가 두 가지가 나왔다면 두 가지 사랑의 언어를 가진 사람입니다. 두 번째 점수가 가장 높은 점수와 비슷하다면 두 가지가 모두 당신에게는 중요하다는 의미입니다. 어느 언어든 12점이 가장 높은 점수입니다.

한 가지 점수가 다른 것들보다 높다고 해서 나머지 언어들을 무시해서는 안 됩니다. 당신의 남편이 그 나머지 언어들 중 하나로 말할 수 있습니다. 그 경우 그 언어를 이해하는 것이 중요합니다.

마찬가지로 남편도 당신의 사랑의 언어를 알고 당신이 사랑이라고 여기는 언어로 사랑을 표현하는 것이 중요합니다. 당신과 당신의 남편이 다른 언어를 말할 때 서로 감정적 점수를 따는 것입니다. 물론 이것은 점수 따기 게임이 아닙니다. 서로의 사랑의 언어를 말할 때 얻는 유익은 둘 사이의 유대감이 커진다는 것입니다. 그러면 의사소통이 더 잘 이루어지고, 이해가 증진되며, 결국은 둘 사이의 사랑이 커질 것입니다.

남편이 아직 검사하지 않았다면 남편용 설문지를 사용하도록 권하십시오. 서로의 사랑의 언어에 대해 이야기를 나누고 더욱 행복한 결혼 생활을 가꾸어 가십시오.

남편과 아내의
사랑의 언어 비교표

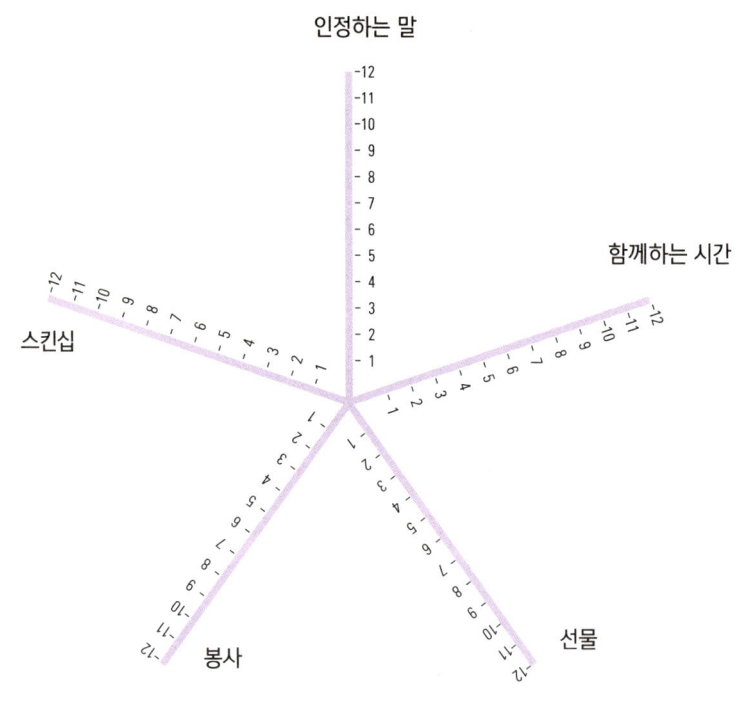

248 5가지 사랑의 언어

남편과 아내의 사랑의 언어
비교표를 활용하는 법

사랑의 언어 검사를 통해 얻은 5가지 항목의 점수를 도표에 표시하여 보십시오. 그리고 그 다섯 점들을 이으십시오. 그러면 오각형이 될 것입니다. 다음에는 배우자(남편 / 아내)의 점수도 같은 방식으로 그려 보십시오. 두 사람의 사랑의 언어를 비교해 보십시오.

1. 나의 제 1의 사랑의 언어는 무엇입니까?
2. 배우자는 이 언어의 점수가 얼마니 됩니까?
3. 이 차이는 평소 생활에서 어떻게 나타났습니까?
4. 어떻게 하면 이 차이를 해소할 수 있을까요?

이번에는 배우자의 사랑의 언어를 가지고 1—4번의 질문을 해 보기 바랍니다.

함께 읽으면 좋은
게리 채프먼의 책들

자녀의 5가지 사랑의 언어
사랑으로 자녀를 양육하는 방법
과연 우리 아이에게 가장 효과적으로 전해지는 사랑의 언어는 무엇일까? 이제는 자녀의 가슴에 사랑을 심어야 한다. 지고한 부모의 사랑을 표현 방법의 차이 때문에 자녀가 알아차리지 못하는 불행을 막아야 한다.

십대의 5가지 사랑의 언어
부모가 십대를 사랑하는 방법
하루에도 열두 번씩 변하는 기분, 욕구, 행동, 도전적이고, 반항적이고, 무책임한 것 같은 모습들. 십대들의 모습은 부정적인 면만 있는가? 아니다. 그들은 변화의 시기를 지나면서 그들 나름대로 적응하기 위해 애쓰고 있다. 그들에 대한 새로운 이해가 필요하다.

청소년이 알아야 할 5가지 사랑의 언어
청소년에게 전하는 사랑하고 사랑받는 법
사랑하고 사랑받고 싶은 욕구를 배우고 실천하게 함으로써 모든 청소년이 정서적으로 안정되고, 책임감 있는 어른으로 성장하도록 안내한다. 주변 사람들과 어떻게 하면 좋은 관계를 이룰 수 있는지, 분노를 다스리는 법과 사과의 기술 등을 다루어 인간관계에 대한 깊은 통찰을 얻게 한다.

사춘기 부모 학교
십대 자녀를 위해 꼭 알아야 할 12가지
아이의 전두엽은 십대 초중반에 이르면 대공사를 통해 리모델링된다! 2차 성징이라는 신체적 변화뿐 아니라 정신적, 신경학적으로도 격변의 시기이기 때문에 발달 특성을 염두에 두고 자녀를 양육해야 한다. 겉보기에는 어른처럼 크지만, 아이는 여전히 부모를 필요로 한다.

싱글의 5가지 사랑의 언어
싱글의 삶을 풍요롭게 하는 방법
제대로 사랑하고 제대로 사랑받는 것보다 우리를 더 행복하게 하는 일은 없다. 싱글은 어떤 사람이며 사랑이 왜 인간관계의 열쇠인가? 당신이 이혼을 했건, 사별을 했건, 아직 결혼하지 않았건 당신의 가장 깊은 정서적 욕구는 사랑받는 것이다.

결혼 전에 꼭 알아야 할 12가지
한 권으로 끝내는 알짜배기 결혼 준비 가이드
결혼식보다는 결혼 생활을 준비하라! 많은 커플이 결혼 생활을 위한 계획보다는 결혼식에 대한 계획에 훨씬 더 신경을 많이 쓴다. 이 책은 행복한 결혼으로 나아가게 하는 청사진을 제시하고, 결혼 생활에 꼭 필요한 기술을 알려 준다.

행복한 결혼 생활을 위한 9가지 포인트
부부가 꼭 새겨야 할 결혼 생활의 지혜
행복한 결혼 생활을 꿈꾸는 모든 부부와 예비부부들이 꼭 알아야 할 9가지 항목 및 실제적인 지침들을 담았다. 부부간의 일상적인 여러 관계에서 발생하는 문제와 원인, 그리고 해결책을 살펴보고 그들이 하나가 되도록 이끌어, 당신이 늘 꿈꾸던 결혼 생활을 누리게 할 것이다.

부모가 되기 전에 꼭 알아야 할 12가지
행복한 육아 가이드
저자 자신이 많은 시행착오를 통해 얻은 육아의 지혜를 이 책에 담았다. 당황스럽고 난감하게 만드는 배변 훈련, 아이와 같이 놀기, 어린이집과 유치원 정하기, 자녀에게 사과하는 것의 중요성, 자녀가 시간과 돈과 부부 관계에 미치는 영향에 이르기까지 육아에 관한 모든 것에 대해 실제적인 조언을 아끼지 않는다.

5가지 사과의 언어
당신의 사과가 전달되게 하라!
왜 사과가 통하지 않는가? 사랑의 언어가 사람마다 다르듯이 사과의 언어도 다르기 때문이다. 이 책은 사과에 관한 구체적인 사례와 적용으로 결혼, 양육, 가정, 데이트, 일터에서의 관계를 증진시키도록 돕는다.

5가지 칭찬의 언어
사람들이 듣기 원하는 5가지 칭찬의 언어
칭찬한 사람은 있는데, 칭찬받은 사람은 없다? 아무리 선한 의도라 하더라도 상대방의 칭찬의 언어를 사용하지 않으면 상대에게는 의미 없는 메시지가 전달되고 만다. 칭찬의 언어란 무엇이며 일상생활에서 어떻게 나타나는지, 그 원리들을 적용할 수 있도록 한다.

하나님의 5가지 사랑의 언어
하나님과 사랑을 주고받는 영적 교제의 원리
사랑의 언어가 단순히 감정을 전달하는 효과적인 도구만이 아니라 하나님과 사랑을 주고받는 영적 교제의 원리로도 작동한다면? 또한 인간관계에서 통용되는 사랑의 언어가 하나님 사랑의 본질을 다양하게 반영하고 있음을 말해 준다.

5가지 사랑의 언어 워크북
『5가지 사랑의 언어』에 기초한 소그룹 교재
핵심 내용과 함께 다양한 질문, 구체적 적용 및 실천을 위한 활동, 리더를 위한 인도자 가이드가 수록되어 있다. 모임 전에 개인적으로 미리 공부하고, 모임 시간에는 자신의 대답을 배우자 또는 다른 사람들과 자유롭게 나누며 더 많은 것을 배울 수 있도록 돕는다.

다시, 사랑할 수 있을까?

부부관계 회복 처방전

모든 결혼 생활에는 우여곡절이 있다. 이 책은 많은 부부가 결혼 생활에서 위기에 처한 원인을 진단하고, 어떻게 서로 화해하여 위기를 벗어나 더 성숙한 결혼 생활을 영위할 수 있는지, 실제로 부부가 화해하기 위해서는 어떤 과정을 거쳐야 하는지를 이야기한다.

게리 채프먼의 단단한 결혼 생활 만들기

위기에서도 견고한 부부로 이끌어 줄 5가지 방법

결혼 생활을 개선하고 자녀 양육에 좋은 환경을 만들기 위한 5가지 방법을 소개한다. 이 책에서 소개하고 있는 5가지 방법은 40년간의 부부 상담을 통해 나온 것이다. 이 간단한 방법을 통해, 결혼 생활의 파국을 막고 보다 건강한 가정으로 이끌도록 돕는다.

스마트폰에 빠진 아이들, 어떻게 가르칠 것인가?

디지털 시대 스마트한 자녀교육법

스크린이 아이들에게 어떤 영향을 미치는지 알려 주고, 스크린 중심의 세상에서 아이들을 어떻게 가르쳐야 하는지 방법을 제시한다. 디지털 세대가 스크린 중독에 빠지지 않고 올바른 사회성과 신앙을 가진 어른으로 자라도록 돕고, 잃어버린 우리의 가정을 되찾도록 창의적인 대안을 내놓는다.

행복한 교실을 만드는 5가지 사랑의 언어

교사, 학생, 부모 모두를 변화시키는 사랑의 언어 수업 교재

『5가지 사랑의 언어』에 기초한 이 교재는, 관계 중심 교육의 중요성을 일깨우면서 교사가 학생들과 긍정적인 관계를 형성하고 그들의 학습 잠재력을 최대한으로 끌어낼 수 있도록 돕는다. 또한 학교 폭력, 왕따, 성범죄 등의 문제를 예방하고 대처하는 실제적인 방법을 포함하여, 안전한 학교 환경을 조성할 수 있게 한다.

사명선언문

너희가 흠이 없고 순전하여……세상에서 그들 가운데 빛들로
나타내며 생명의 말씀을 밝혀 _ 빌 2:15-16

1. 생명을 담겠습니다
만드는 책에 주님 주신 생명을 담겠습니다.
그 책으로 복음을 선포하겠습니다.

2. 말씀을 밝히겠습니다
생명의 근본은 말씀입니다.
말씀을 밝혀 성도와 교회의 성장을 돕겠습니다.

3. 빛이 되겠습니다
시대와 영혼의 어두움을 밝혀 주님 앞으로 이끄는
빛이 되는 책을 만들겠습니다.

4. 순전히 행하겠습니다
책을 만들고 전하는 일과 경영하는 일에 부끄러움이 없는
정직함으로 행하겠습니다.

5. 끝까지 전파하겠습니다
모든 사람에게, 땅 끝까지, 주님 오시는 그날까지
복음을 전하는 사명을 다하겠습니다.

서점 안내

광화문점 서울시 종로구 새문안로 69 구세군회관 1층
02)737-2288 / 02)737-4623(F)

강남점 서울시 서초구 신반포로 177 반포쇼핑타운 3동 2층
02)595-1211 / 02)595-3549(F)

구로점 서울시 동작구 시흥대로 602, 3층 302호
02)858-8744 / 02)838-0653(F)

노원점 서울시 노원구 동일로 1366 삼봉빌딩 지하 1층
02)938-7979 / 02)3391-6169(F)

일산점 경기도 고양시 일산서구 중앙로 1391 레이크타운 지하 1층
031)916-8787 / 031)916-8788(F)

의정부점 경기도 의정부시 청사로47번길 12 성산타워 3층
031)845-0600 / 031)852-6930(F)

인터넷서점 www.lifebook.co.kr